Soziale Ängste

Psychologie im Schulalltag
Band 5

Soziale Ängste

Julia Asbrand, Hendrik Büch und Julian Schmitz

Julia Asbrand
Hendrik Büch
Julian Schmitz

Soziale Ängste

Prof. Dr. Julia Asbrand, geb. 1985. 2005–2011 Studium der Psychologie in Freiburg. 2011–2020 Wissenschaftliche Mitarbeiterin an der Albert-Ludwigs-Universität Freiburg. 2016 Promotion. Seit 2020 Professorin für Klinische Kinder- und Jugendlichenpsychologie und -psychotherapie an der HU Berlin. Arbeitsschwerpunkt: Multimethodale Grundlagen- und Psychotherapieforschung, Angst im Kindes- und Jugendalter.

Dr. Hendrik Büch, geb. 1975. 1997–2003 Studium der Psychologie in Kiel und Marburg. 2008 Promotion. 2007–2008 Stationspsychologe an der Klinik für Psychiatrie und Psychotherapie des Kindes- und Jugendalters der RWTH Aachen. Seit 2008 Wissenschaftlicher Mitarbeiter an der Psychotherapeutischen Ambulanz für Kinder- Jugendliche und Familien der Hochschulambulanz am Institut für Psychologie der Uni Freiburg. Seit 2010 Ambulanzleitung am Freiburger Ausbildungsinstitut für Kinder- und Jugendlichenpsychotherapie.

Prof. Dr. Julian Schmitz, geb. 1983. 2002–2008 Studium der Psychologie in Marburg und Freiburg. Wissenschaftlicher Mitarbeiter an der Albert-Ludwigs-Universität und am Universitätsklinikum Freiburg. 2012 Promotion. Seit 2014 Professor für Klinische Kinder- und Jugendpsychologie an der Universität Leipzig. Arbeitsschwerpunkt: Multimethodale Erfassung psychischer Störungen im Kindes- und Jugendalter in sozialen Kontexten.

Bibliografische Information der Deutschen Nationalbibliothek
Die Deutsche Nationalbibliothek verzeichnet diese Publikation in der Deutschen Nationalbibliografie; detaillierte bibliografische Daten sind im Internet über http://dnb.dnb.de abrufbar.

Hogrefe Verlag GmbH & Co. KG
Merkelstraße 3
37085 Göttingen
Deutschland
Tel. +49 551 999 50 0
Fax +49 551 999 50 111
info@hogrefe.de
www.hogrefe.de

Umschlagabbildung: © iStock.com by Getty Images / wavebreakmedia
Satz: Sina-Franziska Mollenhauer, Hogrefe Verlag GmbH & Co. KG, Göttingen
Druck: mediaprint solutions GmbH, Paderborn
Printed in Germany
Auf säurefreiem Papier gedruckt

1. Auflage 2022

(E-Book-ISBN [PDF] 978-3-8409-3058-4; E-Book-ISBN [EPUB] 978-3-8444-3058-5)
ISBN 978-3-8017-3058-1
https://doi.org/10.1026/03058-000

Inhaltsverzeichnis

1 Fallbeispiele

1.1 Fallbeispiel 1: Kind, 8 Jahre – Jonas, Grundschule, 2. Klasse, Diagnose Störung mit sozialer Ängstlichkeit des Kindesalters

1.1.1 Vorstellungsanlass und Entwicklungsgeschichte

Der 8-jährige Jonas M. kommt mit seinen Eltern und der 6 Monate alten Isabella zur Schulpsychologin. Frau M. berichtet, Jonas habe starkes Bauchweh vor Aufführungen in der Schule, aber auch bei großen Festen. Er berichtet, dass er sich sorge, dass er den Text vergesse, den er aufsagen müsse und die anderen dann lachen würden. Seit Beginn des zweiten Schuljahres würden die Ängste verstärkt auftreten und immer weitere Kreise ziehen, sodass diese schon Wochen vor einer Veranstaltung zuhause Thema seien. Auch in anderen sozialen Situationen sei Jonas sehr schüchtern. In der Pause spiele er nur mit seinem besten Freund. Wenn dieser mal krank ist, habe Jonas Angst, sich anderen anzuschließen. Auch im Sportunterricht habe er Angst, im Mittelpunkt zu stehen oder ausgelacht zu werden. Er traue sich vieles nicht zu und sitze dann immer wieder auf der Bank. Auch außerhalb der Schule sei Jonas ängstlich und schüchtern. So traue er sich nicht, im Restaurant zu sagen, was er essen wolle. Die Eltern berichten, dass sie ihm viele Situationen abnehmen. Auch sei es für Jonas schwierig, in den Basketballverein zu gehen, wo er viele Kinder nicht kenne. In der Schule sei Jonas vom Lernstoff schnell frustriert. Wenn er etwas nicht verstehe, stehe er auf und kaspere viel.

Eine strukturierte Erfassung der Symptome anhand eines diagnostischen Interviews in der Psychotherapie ergibt im gemeinsamen Urteil durch Herrn M. und Jonas eine Störung mit sozialer Ängstlichkeit des Kindesalters. Jonas berichtet zudem leichte Symptome einer Einfachen Aktivitäts- und Aufmerksamkeitsstörung, welche Frau M. im Nachhinein mit den Ängsten in Verbindung bringt.

Jonas habe als Kleinkind auf Trennungen sehr ängstlich und weinerlich reagiert, wobei insbesondere die Eingewöhnung in der Kita extrem schwierig gewesen sei. Der Übergang in den Kindergarten sei leichter gewesen. Unter diesen Schwierigkeiten habe auch Frau M., die die Eingewöhnung alleine begleitet habe, sehr gelitten. Gegenüber fremden Kindern sei er schon immer eher zurückhaltend und beobachtend gewesen. Nach einiger Zeit habe er in der Kita Freunde gefunden, die ihm auch im Kindergarten erhalten geblieben seien. Er sei mit diesen nicht in eine Grundschulklasse gekommen, was erneut zu einem schwierigen Übergang vom Kindergarten zur Grundschule geführt habe. In der Grundschule komme er gut mit. Er habe sehr hohe Ansprüche an sich selbst und sei schnell frustriert, wenn er diese nicht erreiche. Mit den hohen Anforderungen einher ginge eine starke Angst vor Vorführungen, die sich körperlich durch Bauchschmerzen äußere. Er berichtet, dass er dann die Sorge habe, dass er den Text vergessen würde und ihn jemand auslachen könne. Er habe oft Angst, dass er „sich blöd anstelle". Er versuche daher, diesen Situationen aus dem Weg zu gehen. Wenn er gezwungen sei, z. B. vor der Klasse etwas zu sagen, schaue er auf den Boden und spreche leise. Konflikten gehe er lieber aus dem Weg, sodass er z. B. nicht für sich und seine Wünsche eintrete. Die Angst vor den Vorführungen sei in der ersten Klasse zum ersten Mal aufgetreten und seit Beginn der zweiten Klasse erheblich gestiegen. In diesen Situationen werde er vorher sehr wortkarg, erstarre regelrecht und berichte immer wieder von Bauchschmerzen. Jonas selbst ergänzt, dass er dann wütend auf die Schule sei und sich sicher wäre, dass er den Text vergessen und sich blamieren würde. Zwei Kinder in der Klasse würden ihn ab und zu damit aufziehen, dass er in Auftrittssituationen erstarre. Da er einige Male gestottert habe, würden sie ihn vor Auftritten immer wieder „Jo-Jo-Jonas" nennen. Jonas werde dann wütend und habe einmal eine Schlägerei mit einem der Kinder angefangen. Mit beiden Kindern komme er außerhalb der Vortragssituationen relativ gut klar.

1.1.2 Familiäre Situation

Jonas lebt gemeinsam mit seinem Bruder Mario (–3), seiner Schwester Isabella (–8) und seinen Eltern im elterlichen Haus in einer Kleinstadt und besucht die 2. Klasse einer örtlichen Grundschule. Der Vater arbeite als Ingenieur für einen großen Automobilhersteller, die Mutter leite im gleichen Betrieb die Personalabteilung und sei aktuell in Elternzeit.

Das Verhältnis zum Bruder sei von Konkurrenz geprägt, da dieser sehr gerne im Mittelpunkt stehe, in die kleine Schwester sei er dagegen regelrecht „vernarrt". Zu beiden Elternteilen habe er ein enges Verhältnis, mit der Mutter gemeinsam könne er seine kreative Seite ausleben. Charakterlich sei er dem Vater sehr ähnlich, der sich früher ebenfalls mit Aufführungen sehr schwergetan habe und sich als zurückhaltend beschreibt. Herr M. berichtet, dass Jonas ihn stark an ihn selbst als Kind erinnere, da er ebenfalls eher ängstlich gewesen sei.

Ressourcen

Die Eltern berichten, dass Jonas kreativ sei, gerne Fußball und Lego spiele. Er sei generell ein mitfühlendes Kind. Jonas sei sozial gut integriert und beschreibe weniger Ängste im Kontakt mit anderen Kindern außerhalb der Schule.

1.1.3 Diagnose

F93.2 Störung mit sozialer Ängstlichkeit des Kindesalters

1.1.4 Weitere Entwicklung und Förderung

Begleitend zur Psychotherapie unterstützt Jonas' Klassenlehrer ihn bei seinen Übungsaufgaben in der Schule. Als er beispielsweise ein Buch vortragen soll, bespricht er in der Pause zuvor seine mutmachenden Gedanken noch einmal mit ihm. Er erinnert ihn daran, dass er sich vorgenommen hat, nicht nur auf sein Buch zu schauen, sondern mindestens seine beste Freundin und den Klassenlehrer anzuschauen. Nach der Übung fragt er ihn, wie stark seine Angst war, und lobt ihn, dass er sich getraut hat, das Buch vorzustellen.

Nach 9 Monaten Psychotherapie mit intensiver Begleitung in der Schule traut sich Jonas auf das Schulfest. Er möge es immer noch nicht im Mittelpunkt zu stehen, schaffe es aber mit positiven Gedanken („Ich mache es so gut ich kann.") sich in die Situationen zu trauen.

1.2 Fallbeispiel 2: Jugendliche, 14 Jahre – Lena, Realschule, 9. Klasse, Diagnose soziale Phobie

1.2.1 Vorstellungsanlass und Entwicklungsgeschichte

Die 14-jährige Lena A. kommt mit ihrer Mutter zur Schulpsychologin. Lena und Frau A. berichten, dass Lena große Angst davor habe, auf andere Kinder und Jugendliche zuzugehen sowie sich am Schulunterricht zu beteiligen. Immer wieder passiere es ihr, dass sie rot anlaufe wie eine Tomate. Ihr seien viele Situationen total peinlich. Auch sei sie oft in sozialen Situationen sehr aufgeregt und habe Angst, sich zu verhaspeln. Sie sei sich sicher, dass sie von den anderen ausgelacht werden würde, wenn diese bemerkten, wie sie sich blamiere. Sie sei schon immer eher schüchtern gewesen. Seit dem Übergang auf die weiterführende Schule seien die Ängste nach einer kurzen Mobbing-Situation, die eine Lehrerin entschärft habe, verstärkt aufgetreten. In letzter Zeit mache sie sich zunehmend Gedanken, was andere über sie denken. Aus Angst, ausgelacht zu werden, vermeide sie viele soziale Situationen. Auch grüble sie im Nachhinein viel, ob sie sich richtig verhalten habe. Oft käme dann nach der Situation noch viel stärker der Gedanke, dass sie sich total peinlich verhalten habe und die anderen denken würden, sie sei dumm. Seit Beginn des Schuljahres habe sie immer wieder im Unterricht gefehlt. Ihr früheres Hobby Reiten habe sie aufgegeben, als eine neue Reitlehrerin angefangen habe. Sie habe eine Freundin aus der Grundschule und treffe sich sonst nie mit anderen Kindern in ihrem Alter. In der letzten Zeit sei sie oft müde und unkonzentriert. Sie habe morgens dann keine Lust aufzustehen und bleibe am Wochenende auch manchmal den ganzen Tag im Bett.

Zu Beginn der Psychotherapie wird im Rahmen der Diagnostik zur strukturierten Erfassung der Symptome ein diagnostisches Interview durchgeführt. Sowohl in der Auskunft der Mutter als auch der Lenas ergibt sich eine soziale Phobie. Die Mutter ergänzt, dass Lena früher häufig durch Alpträume aufgewacht sei. Weitere internalisierende und externalisierende Auffälligkeiten werden aktuell und in der Vergangenheit verneint.

Als Kleinkind sei Lena schlecht eingeschlafen und habe stundenlang geschrien, sodass der Vater mit ihr abends lange spazieren gegangen sei. In den ersten Kindergarten habe sich Lena im Alter von 2 Jahren gut integrieren können und einige gute Freundschaften gehabt. Im Alter von 4 Jahren sei sie im September aufgrund eines Umzugs in einen anderen Kindergarten eingewöhnt worden. Dies habe zu einer ersten ängstlichen Reaktion geführt. Der Übergang in die Grundschule habe gut funktioniert, eine große Gruppe von Kindern sei mitgekommen. Die Leistungen seien immer gut bis sehr gut gewesen. Lena sei jedoch von Anfang an eher zurückhaltend und schüchtern gewesen. In der dritten Klasse habe sie aufgrund eines neuen Lehrers, der auf sie sehr einschüchternd gewirkt habe und vor dem sie Angst gehabt habe, drei Monate lang überhaupt nicht in der Schule gesprochen, dies habe sich von selbst wieder geregelt. Sie habe eine Empfehlung zum Besuch des Gymnasiums erhalten, sich aber für die Realschule entschieden, weil sie befürchtet habe, dass sie auf dem Gymnasium mehr Referate halten müsse. Aktuell gehe sie in die 9. Klasse einer Realschule. Aufgrund der Fehlzeiten und der fehlenden Beteiligung im Unterricht hätten die Lehrer*innen bereits um Rücksprache gebeten. Lena sei eigentlich sehr fleißig und ehrgeizig, schaffe es jedoch nicht sich zu melden. Ihre Freizeit verbringe sie vor allem mit Lesen und Zeichnen.

1.2.2 Familiäre Situation

Lena lebt mit ihren Eltern und der Schwester (+2 Jahre) in der elterlichen Wohnung und besucht die örtliche Realschule. Ihr Vater arbeite in der Logistik eines mittelständischen Unternehmens, die Mutter sei als Lehrerin tätig.

Das Verhältnis zur Schwester sei sehr gut, diese schütze Lena oft, wenn sie etwas nicht machen wolle und nehme ihr z.B. ab, im Supermarkt an der Kasse zu sprechen. Hin und wieder gebe es Streit, bei dem Lena sehr stur auftreten könne. Die Ehe der Eltern sei schon seit längerem sehr instabil, worüber sich auch Lena immer wieder Gedanken mache und unter dem Streit leide. Die Mutter beschreibt Parallelen zwischen Lena und ihrem eigenen Bruder, der auch immer sehr schüchtern gewesen sei. Dadurch könne sie ihr Verhalten nachvollziehen, ärgere sich jedoch auch manchmal darüber. Der Vater reagiere oft unwirsch, vor allem auf die aktuellen Schwierigkeiten in der Schule.

Ressourcen

Lena sei intelligent und interessiert daran, Neues zu lernen. Sie könne gut zeichnen und habe bereits einige Comic-Strips angefertigt. Sie sei sehr empathisch und merke schnell, wenn es jemandem nicht gut gehe. Sie versuche dann, die andere Person aufzubauen.

1.2.3 Diagnose

F40.1 Soziale Phobie

1.2.4 Weitere Entwicklung und Förderung

Lena ist zu Beginn wenig begeistert, dass sie nicht nur in der Psychotherapie, sondern auch in der Schule intensiv an ihren Ängsten arbeiten soll. Die Eltern werden zu Beginn sowohl von der Psychotherapeutin als auch von der Schule etwas gebremst, um Lena den Druck zu nehmen. Der Klassenlehrer erinnert Lena wiederholt daran, sich in der Schule zu beteiligen. Als sich abzeichnet, dass Lena dies zu schwerfällt, findet ein Beratungsgespräch zwischen Klassenlehrer, Psychotherapeutin und Schulsozialarbeiterin mit Lena und ihren Eltern statt. Es wird vereinbart, dass Lena ihre mündliche Mitarbeit zunächst über kurze Referate nur mit dem Klassenlehrer und der Schulsozialarbeiterin verbessert und zugleich am Angstabbau und dem Aufbau von Selbstbewusstsein in sozialen Leistungssituationen arbeitet. Nach circa acht Wochen schafft Lena es von sich aus, sich zwei Mal in den Unterrichtsstunden des Klassenlehrers zu melden.

Nach 1 Jahr und 3 Monaten Psychotherapie mit intensiver Begleitung in der Schule traut sich Lena, sich in den meisten Fächern mindestens zwei Mal pro Stunde zu melden. Es besteht lediglich Angst in Physik, Lenas schwächstem Fach. Die Eltern werden informiert und stoßen auf Lenas Idee hin Nachhilfeunterricht an.

1.3 Fallbeispiel 3: Kind, 11 Jahre – Marissa, Gymnasium, 6. Klasse, keine Diagnose

1.3.1 Vorstellungsanlass und Entwicklungsgeschichte

Die 11-jährige Marissa P. wird bei der Schulsozialarbeiterin vorgestellt, da sie vor einigen Wochen in die 6. Klasse eines Gymnasiums gewechselt habe und bislang nur wenig in Kontakt mit anderen Kindern gekommen sei. Sie wird von ihrem Vater begleitet, der berichtet, dass sie wegen einer beruflichen Veränderung der Mutter von einer Kleinstadt nahe Köln nach Süddeutschland gezogen seien. Marissa selbst berichtet, dass sie sich noch nicht richtig traue, auf die anderen Kinder zuzugehen, da diese oft in größeren Gruppen unterwegs seien. Mit ihrer Sitznachbarin spreche sie im Unterricht und ab und zu in der Pause. Zuhause habe sie sich zwei Mal mit einem Nachbarskind getroffen, das zwei Jahre jünger sei. Sie möge Referate nicht so gerne, bereite sich aber gerade auf eine Buchvorstellung ihres Lieblingsbuches für den Deutschunterricht in der nächsten Woche vor. Sie sei sehr nervös, freue sich aber auch darauf, über ihr Lieblingsbuch zu sprechen. Sie habe Angst, dass die anderen es nicht so spannend finden wie sie selbst. Generell mache sie sich viele Gedanken darüber, was in der Welt passiere. So verfolge sie beispielsweise Nachrichten sehr genau und frage die Eltern dann, wie wahrscheinlich ein Krieg oder eine Naturkatastrophe hier sei.

Marissa sei schon immer eher schüchtern gewesen und habe länger gebraucht, um sich in den Kindergarten integrieren zu können. Sie habe dann mit zwei Mädchen eine enge Freundschaft geführt, die bis in die weiterführende Schule angehalten habe. Der Wechsel vom Kindergarten in die Grundschule sei Dank der Freundinnen gut verlaufen. Sie habe sich immer weniger mündlich als schriftlich am Unterricht beteiligt. Zu neuen Hobbies (Handball, Gitarrenunterricht) hätten sie die Eltern etwas überreden müssen, sie sei dann aber gerne hingegangen. Vor dem Übergang in die weiterführende Schule habe Marissa lange gezögert, auf das Gymnasium zu wechseln, da sie befürchtet habe, dass sie dort nicht gut mitkommen würde. Die ersten Wochen auf dem Gymnasium sei sie sehr zurückhaltend gewesen und habe nur langsam Anschluss an die Klasse gefunden. Seit Mitte der fünften Klasse sei sie jedoch froh gewesen, das Gymnasium zu besuchen, da sie dort gut mitgekommen sei. Vor dem Umzug habe sich Marissa viele Gedanken gemacht, aber auch auf das neue Haus mit großem Garten gefreut. Sie würden nun zudem in der Nähe der Großeltern wohnen, worüber sich Marissa sehr freue. Allerdings vermisse sie ihre Freundinnen. Sie habe keine Geschwister, aber ein enges Verhältnis zu ihrem Cousin und ihrer Cousine, die ungefähr eine Stunde entfernt in einem Dorf im Schwarzwald leben würden.

1.3.2 Familiäre Situation

Marissa lebt mit ihren Eltern im elterlichen Haus und besucht ein örtliches Gymnasium. Ihr Vater arbeite in Teilzeit als freier Journalist, die Mutter leite die Personalabteilung eines größeren Unternehmens.

Marissa sei ein fröhliches Kind, das sich gut mit ihrer engeren Familie (Eltern, Großeltern, Tante, Onkel, Cousin, Cousine) verstehe. Bei den Eltern habe vor dem Umzug eine Trennung im Raum gestanden, da der Vater nur ungern aus der Region habe gehen wollen. Nach einer Paartherapie hätten sie sich jedoch für den gemeinsamen Schritt entschieden und seien aktuell sehr zufrieden. Beide Eltern seien offen und sehr sozial; mit Marissas Schüchternheit seien sie immer wieder überfordert.

Ressourcen

Marissa lese sehr gerne und viel. Sie sei sportlich und insbesondere Ballsportarten fielen ihr leicht. Ihre Eltern beschreiben Marissa als sehr humorvoll, sie habe große Freude an Witzen und schneide gerne Grimassen.

1.3.3 Diagnose

keine

1.3.4 Weitere Entwicklung und Förderung

Marissa bespricht mit der Schulsozialarbeiterin die Schwierigkeit, in der neuen Schule anzukommen. Dort erfährt sie Entlastung durch die Information, dass solche Übergänge für die meisten Kinder nicht einfach sind. Die Schulsozialarbeiterin unterstützt Marissa darin, ihre Gefühle zu sortieren, da sie nicht nur Angst erlebe, sondern manchmal auch wütend auf ihre Eltern sei, dass sie einfach hätte mitgehen müssen. Die Klassenlehrerin gibt Marissa etwas Zeit, um anzukommen, und fordert sie dann bewusst auf, sich an Gruppenarbeiten zu beteiligen und mit anderen Kindern in Kontakt zu kommen. Nach vier Monaten ist Marissa gut in der Klasse integriert und berichtet keine sozialen Ängste mehr.

2 Phänomene und definitorische Festlegungen

2.1 Was ist soziale Angst?

Soziale Ängste gehören zu den häufigsten Ängsten im Kindes- und Jugendalter. Sie sind gekennzeichnet durch die Furcht, sich gegenüber fremden Personen peinlich zu verhalten oder sich zu blamieren und im Fokus der Aufmerksamkeit zu stehen. Typische Situationen sind das Treffen von neuen Kindern und Jugendlichen, der Besuch von Gruppen wie Sportvereinen und Leistungssituationen im schulischen Alltag (z. B. das Melden im Schulunterricht, Halten von Referaten, Zugehen auf andere Kinder). Dabei kann zwischen Performanz- und Interaktionssituationen unterschieden werden. In *Performanzsituationen* muss ein Kind oder ein*e Jugendliche*r Leistungen erbringen, wie z. B. Referate, mündliche Mitarbeit im Unterricht oder Buchvorstellungen. Diese Situationen erzeugen Angst durch den Bewertungsaspekt, sind jedoch meist relativ stark strukturiert. Redeanteile sind klar vorgegeben, es wird nicht von den Kindern oder Jugendlichen erwartet, dass diese von sich aus ein Gespräch starten. *Interaktionssituationen* finden in der Schule häufiger außerhalb des Unterrichts statt, wenn die Kinder und Jugendlichen in der Pause ihre Zeit gemeinsam verbringen, spielen oder auch gemeinsam essen. Im Unterricht können Gruppenarbeiten in diesen Bereich fallen. In diesen besteht die Angst, von anderen nicht gemocht zu werden. Zudem lässt eine geringe Strukturierung den Kindern und Jugendlichen einen großen Interpretationsspielraum, das heißt es dürfen beispielsweise alle reden. Neben inhaltlichen Aspekten in der Interaktion erfordern diese Situationen vermehrt soziale Fertigkeiten, um beispielsweise zu bemerken, wie andere die eigene Position finden, oder andere von der eigenen Meinung zu überzeugen. Gerade in einer größeren Gruppe ist es möglich, dass einige Kinder und Jugendliche positiv, andere jedoch negativ auf eine eigene Aussage reagieren. Durch die fehlende Struktur entsteht somit die Anforderung an die Kinder und Jugendlichen, selbst eine Bewertung der Situation vorzunehmen. Gerade Kinder und Jugendliche mit sozialen Ängsten fokussieren dann insbesondere auf negative Aspekte der Interaktion.

Kinder und Jugendliche mit sozialen Ängsten vermeiden häufig die gefürchteten Situationen wie die mündliche Beteiligung am Unterricht oder gemeinsame Aktivitäten in der Pause, was zu negativen Konsequenzen für die akademische und soziale Entwicklung der Betroffenen führt. Ziel dieses Kapitels ist es, die Symptome und Kriterien für soziale Ängste und die Soziale Angststörung zu vermitteln sowie deren Merkmale im Schulalltag aufzuzeigen. Es wird im weiteren Verlauf zwischen sozialen Ängsten und sozialer Angststörung unterschieden. Soziale Ängste beschreiben die Sorge, von anderen nicht gemocht zu werden oder sich peinlich zu verhalten. Diese Ängste treten entwicklungstypisch bei den meisten Kindern mehr oder weniger ausgeprägt auf. Die soziale Angststörung hingegen bezeichnet eine äußerst starke soziale Angst, die zu Einschränkungen im täglichen Leben und Wohlbefinden führt. Betroffene Kinder und Jugendliche vermeiden beispielsweise den Schulbesuch oder beginnen keine neuen Hobbies aus Sorge vor Bewertung durch andere Kinder und Jugendliche.

Beispielhaft werden in Tabelle 1 Situationen aufgeführt, in denen Kinder und Jugendliche soziale Ängste in der Schule haben. Diese führen nicht nur bei den betroffenen Kindern und Jugendlichen, sondern auch bei den beteiligten Lehrer*innen häufig zu Stress.

Tabelle 1: Beispielhafte Situationen für soziale Ängste in der Schule, unterteilt in Performanz- und Interaktionssituationen

Performanzsituationen	Interaktionssituationen
• Ein Kind traut sich nicht, sich zu melden. • Die Lehrkraft stellt eine Frage und blickt in die Klasse. Ein Kind weiß die Antwort, versucht jedoch Blickkontakt zu vermeiden und sich unsichtbar zu machen. • Es steht eine Buchvorstellung in der Klasse an. Ein Kind fehlt wiederholt, immer wenn es an der Reihe wäre. Der Vater oder die Mutter ruft an und bittet darum, dass das Kind stattdessen eine schriftliche Aufgabe machen kann. • Ein Kind hat eine Aufgabe im Unterricht nicht verstanden und traut sich nicht, die Lehrkraft zu fragen. Stattdessen schaut es unsicher auf den Tisch, bis die Lehrkraft dies bemerkt und zu dem Kind kommt und fragt, ob es Hilfe brauche.	• Ein Kind ist mit seiner Aufgabe fertig und traut sich nicht, die Lehrkraft zu fragen, was es jetzt machen kann. • Ein Kind hat Angst, mit auf Klassenfahrt zu fahren. • Ein Kind hat Angst, in der Pause mit einer größeren Gruppe zu spielen. Es hat nur einzelne Freund*innen, wenn diese mit anderen spielen, läuft es alleine herum. • Ein Kind hat Angst, in der Pause die anderen zu fragen, ob es mitspielen darf. Es zieht sich in eine ruhige Ecke des Schulhofes zurück und beobachtet die anderen nur. • Ein Vater oder eine Mutter ruft die Lehrkraft an, und berichtet, dass sein*ihr Kind gestern von einem anderen Kind aus der Klasse geärgert wurde. Es hat sich nicht getraut, sich zu wehren oder nach der Pause zur Lehrkraft zu gehen.

Tabelle 1: Fortsetzung

Performanzsituationen	Interaktionssituationen
• Eine Lehrkraft möchte mit den Kindern in einer Klasse ein Lied einüben. Ein Kind traut sich nicht, mitzusingen. • Ein Kind traut sich nicht, im Sportunterricht einen Handstand zu machen, aus Angst, dass die anderen lachen könnten. • Ein Kind traut sich nicht, im Schwimmunterricht vom Einer zu springen, aus Angst, dass die anderen lachen könnten. • Ein Kind soll an der Tafel mitschreiben. Aus Angst, dass es an der Tafel etwas falsch schreiben könnte und die anderen Kinder dann lachen würden tut es so, als hätte es die Lehrkraft nicht gehört und weigert sich nach vorne zu kommen. • Ein Kind traut sich nicht, laut vorzulesen. • Ein*e Jugendliche*r soll ein Referat halten und hat Angst. Stattdessen geht er*sie nicht zur Schule. • Ein Kind fängt immer wieder an zu weinen, weil es Angst hat, etwas nicht zu können. Es ist eigentlich ein*e gute*r Schüler*in. • Ein*e Schüler*in ist sehr unsicher und fragt wegen jeder Kleinigkeit immer wieder nach. Das nervt die Lehrkraft enorm. • Ein*e schriftlich sehr gute*r Jugendliche*r soll einen Vortrag halten, der in die Note mit einfließt. Sichtlich nervös liest er*sie diesen von Karten ab, stottert dabei und schaut die Klasse nicht an.	• Ein Kind traut sich nicht, in der Mensa zu sagen, dass es das vegetarische Essen möchte. • Ein Kind traut sich nicht, im Erzählkreis etwas zu sagen. Es gibt den Erzählstein stumm weiter. • Ein Kind traut sich nicht, in der Mensa zu fragen, ob das Essen Gluten enthalte, da es eine Glutenunverträglichkeit hat. Aus Angst isst es lieber gar nichts. • Ein Kind hat etwas im Umkleideraum in der Sporthalle vergessen und traut sich nicht, die Lehrkraft zu fragen, ob es nochmal zurücklaufen darf. • Ein Kind traut sich nicht, der Lehrkraft zu sagen, dass der*die Sitznachbar*in es immer ablenke und störe. Stattdessen schreiben die Eltern eine E-Mail. • Die Lehrkraft bittet ein Kind, neue Kreide aus dem Sekretariat zu holen. Das Kind traut sich nicht und fängt an zu weinen. • Ein*e Jugendlicher soll sich eine Praktikumsstelle suchen und traut sich nicht, die Firmen anzurufen. Stattdessen schiebt er*sie die Aufgabe vor sich her und hat immer noch keinen Platz. • Die Klasse soll sich zu Gruppenarbeiten zusammenfinden. Ein Kind traut sich nicht, die anderen zu fragen, ob es in ihrer Gruppe mitarbeiten kann und schaut stumm auf den Tisch. Die Lehrkraft weist es schließlich einer Gruppe zu. • Ein Kind wird wiederholt von einem anderen Kind geärgert und es werden ihm Stifte weggenommen, sodass es nicht mehr mitschreiben

Tabelle 1: Fortsetzung

Performanzsituationen	Interaktionssituationen
	kann. Die Lehrkraft sagt, dass es sich wehren müsse, woraufhin das Kind den Kopf schüttelt. Die Lehrkraft ist ratlos. • Ein*e Jugendliche*r verpasst den Bus zu Schule und ist daher 10 Minuten zu spät. Er*Sie traut sich nicht, in den Unterricht zu gehen, um sich zu entschuldigen und fährt wieder nach Hause.

2.2 Wie äußert sich Angst?

Angst äußert sich auf verschiedenen Ebenen, die in ihrem Zusammenspiel das Erleben von Angst bewirken (vgl. Abbildung 1). Diese beeinflussen sich gegenseitig, sodass sie das Angsterleben verstärken oder auch abschwächen können.

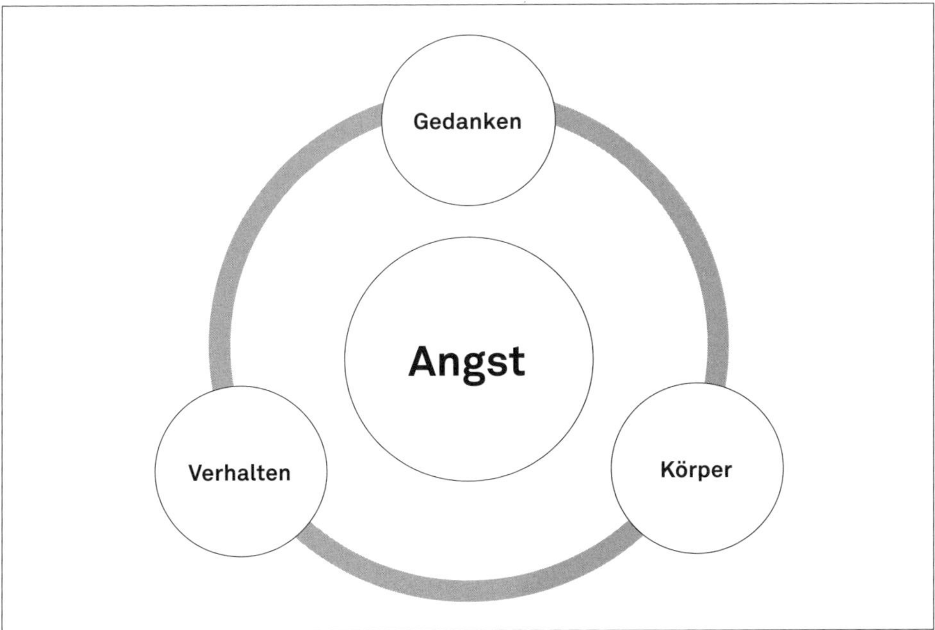

Abbildung 1: Symptomebenen von Angst

Bei der sozialen Angst beziehen sich die Gedanken meist auf die eigene Leistung bzw. Bewertung der eigenen Person durch andere. Auffällig ist bei starken sozialen Ängsten, dass eine Verzerrung hin zu einer negativen Interpretation passiert, d.h. dass betroffene Kinder und Jugendliche schnell davon überzeugt sind, etwas falsch gemacht zu haben und eine andere Interpretation der Situation nicht in Betracht ziehen (siehe Beispiel in Abbildung 2).

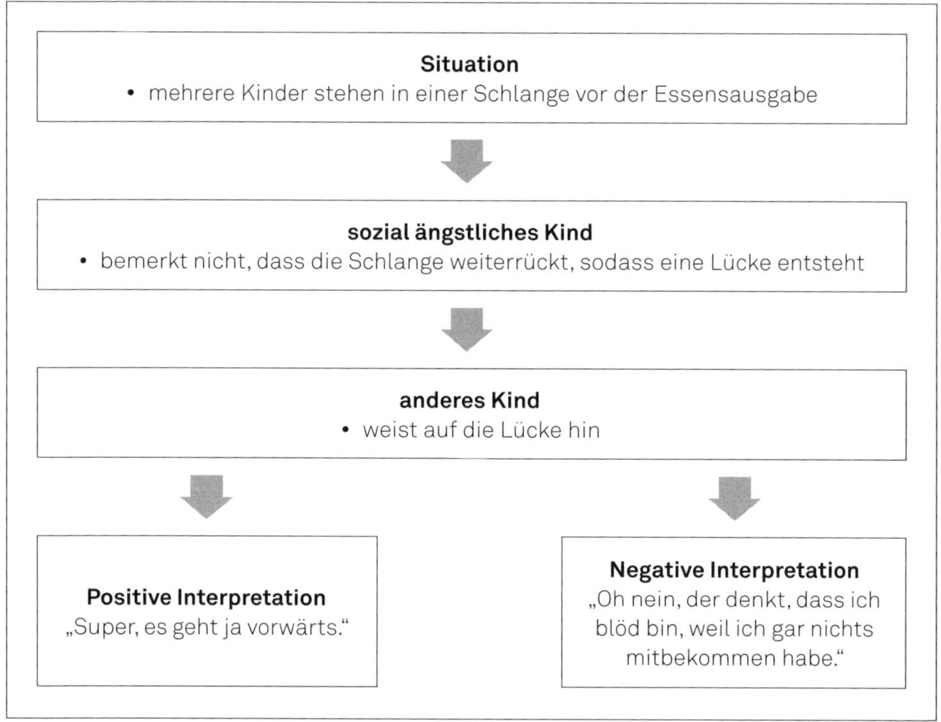

Abbildung 2: Mögliche Verzerrungen einer sozialen Situation

Die Kinder und Jugendlichen meinen, sicher zu sein, dass eine soziale Situation peinlich werden wird (Beidel & Turner, 2007). Körperliche Reaktionen wie Bauchschmerzen, Unruhe und Anspannung tragen zum Unwohlsein in der Situation bei und führen zudem zu der Sorge, dass diese körperlichen Symptome von anderen bemerkt werden könnten (Ginsburg et al., 2006). Auf der Verhaltensebene äußert sich soziale Angst zum einen durch Vermeidung: So wird versucht, der sozialen Situation aus dem Weg zu gehen oder diese zu vermeiden. Außerdem werden sogenannte Sicherheitsverhaltensweisen eingesetzt wie das Auswendiglernen von Vorträgen oder das Verstecken des Gesichts hinter den Haaren, welche zwar zunächst zu einer kurzfristigen Verringerung der Angst führen, langfristig aber dazu beitragen, dass die Angst bestehen bleibt, da keine positiven Erfahrungen im offenen Erleben der Situation gemacht werden können (Clark & Wells, 1995).

Bezug zum Fallbeispiel Lena

Im Geschichtsunterricht wird verkündet, dass in den nächsten Sitzungen ein Gruppenprojekt durchgeführt werden soll, das die Schülerinnen und Schüler gemeinsam erarbeiten und vorstellen. Bei Lena stellen sich sofort verschiedene Gedanken ein („Was, wenn keiner mit mir zusammenarbeiten will?“, „Die lachen mich bestimmt aus, wenn ich in der Gruppe was Falsches sage.“, „Was mache ich nur, wenn ich das präsentieren soll?“). Lena spürt, wie sich ihr Herzschlag beschleunigt und die Hände zittrig werden [Körper]. Als die Lehrerin die Klasse auffordert, sich in Gruppen zusammen zu finden, versinkt Lena in ihrem Stuhl und versucht, niemanden anzuschauen [Verhalten].

2.3 Begriffliche Abgrenzungen

2.3.1 Schüchternheit

Insbesondere bei jüngeren Kindern ist oft eine schüchterne Reaktion in einem neuen Umfeld oder mit neuen Personen zu beobachten. Besonders typisch ist diese in der frühkindlichen Entwicklung im Alter ab ungefähr sechs Monaten als sogenanntes Fremdeln gegenüber unbekannten Personen. Generell zeigen Forschungsergebnisse, dass Schüchternheit nicht unbedingt eine schwache Form von sozialer Angst ist, sondern qualitativ zum Teil andere Merkmale aufweist und eher eine Temperamentsausprägung ist (Beidel & Turner, 2007). Schüchterne Menschen können, wenn notwendig, sowohl in Interaktionen wie auch Leistungssituationen eine gute Performanz zeigen. Zugleich gibt es eine gewisse Überlappung der Merkmale, sodass ca. ein Drittel aller Personen, die sich selbst als sehr schüchtern beschreiben, die diagnostischen Kriterien einer sozialen Angststörung erfüllen (Chavira et al., 2002). Dies bedeutet jedoch im Gegenzug auch, dass die meisten schüchternen Menschen keine soziale Angststörung aufweisen. In der Schule ist es beispielsweise häufig zu beobachten, dass z. B. beim Übergang in die weiterführende Schule einige Kinder eher zurückhaltend auf die neuen Kinder in der Klasse und auch die Lehrer*innen reagieren. Sie beteiligen sich zum Beispiel nur auf Anfrage im Unterricht und gehen nicht aktiv auf andere Kinder zu. In der Regel verliert sich die Schüchternheit nach einiger Zeit und die Kinder kommen gut in Kontakt mit anderen Kindern und Lehrer*innen. Bei schüchternen Kindern kann auch im regulären Verlauf immer wieder das Temperamentsmerkmal stärker zu Tage treten, wenn zum Beispiel neue Situationen anstehen (Klassenfahrt, Schulfest etc.). In der Regel bedarf es auch hier einer Anpassungsphase, in deren Anschluss das Kind oder der*die Jugendliche sich in die Situation einfindet und die Ängste abebben.

2.3.2 Soziale Angst

Soziale Ängste, wie unter Kapitel 2.1 bereits beschrieben, treten zunächst normativ[1] im Entwicklungsverlauf ab dem späten Kindes- bzw. frühen Jugendalter häufiger auf. Mit der Orientierung des Kindes aus dem Familienumfeld hinaus auf andere Kinder und Jugendliche zu, entstehen neue Entwicklungsaufgaben, wie sich sozial einzufinden, erste romantische Beziehungen aufzunehmen und sich ohne die Eltern zu behaupten. Hinzu kommt eine zunehmende Bewusstheit, dass andere Menschen über die eigene Person urteilen können. Somit treten bei den meisten Kindern und Jugendlichen soziale Ängste in dieser Lebensphase auf. Entscheidend ist jedoch, dass diese Ängste zum einen in der Regel wieder nachlassen sowie zum anderen keine gravierenden Einschränkungen im Alltag bedeuten. Rein evolutionär sind diese Ängste adaptiv, da sie vor Augen führen, dass in einer Gruppe die Befindlichkeiten anderer Personen zu berücksichtigen sind und ein gemeinsamer Konsens gefunden werden muss

Bezug zum Fallbeispiel Jonas

Viele Kinder sind vor einem Auftritt nervös und z. B. unsicher, ob sie den Text parat haben. Meist jedoch hindert dies nicht daran, den Auftritt zu absolvieren. Oft stellt sich im Anschluss ein Gefühl von Stolz ein, es trotz der Aufregung geschafft zu haben.

Bezug zum Fallbeispiel Lena

Im Jugendalter tritt vermehrt ein sozialer Vergleich ein, der nicht immer positiv ausfällt und in soziale Konfliktsituationen münden kann. In der Regel gelingt es Kindern, sich auch auf positive Aspekte der eigenen Person und der Leistung zu konzentrieren (im Sinne von „In Mathe mache ich oft Fehler, wenn ich mich melde; in Deutsch bin ich aber richtig gut"). Sozialer Rückzug ist bei normativen sozialen Ängsten weniger die Folge.

Bezug zum Fallbeispiel Marissa

Insbesondere ein Umzug und Neuanfang in einer neuen Schule stellen Kinder vor große Herausforderungen im sozialen Bereich. Somit ist für eine schüchterne Person eine längere Integrationszeit häufig notwendig.

---

1 „normativ" bezieht sich in der Psychologie bzw. in diesem Falle auf die reguläre Entwicklung. Das heißt, dass in der Regel von diesem Prozess auszugehen ist.

2.3.3 Soziale Angststörung/soziale Phobie

Bei einigen Kindern und Jugendlichen lassen die sozialen Ängste jedoch nicht nach, sondern intensivieren sich. Kommt zu den starken sozialen Ängsten und der Sorge, sich zu blamieren oder negativ bewertet zu werden, eine starke Beeinträchtigung oder Leidensdruck hinzu, spricht man von einer sozialen Angststörung oder sozialen Phobie. Beeinträchtigung ist zum Beispiel gegeben, wenn ein Kind oder ein*e Jugendliche*r keine Freundschaften zu Gleichaltrigen aufbauen kann, ein Hobby nicht mehr durchführen kann (z.B. kein Gitarrenunterricht, weil dieser in einer Gruppe angeboten wird) oder keine adäquaten Schulleistungen erbringen kann (z.B. eigentlich leistungsstark, aber Beschulung auf Realschulniveau, um weniger Vorträge halten zu müssen). Leidensdruck hingegen beschreibt das Leiden des Kindes oder des*der Jugendlichen unter der Angst – oft verbunden mit dem Wunsch, dass diese aufhören solle.

Die Begriffe soziale Angststörung und soziale Phobie beschreiben einen annähernd identischen Symptomkomplex und beziehen sich auf die zwei verschiedenen Diagnostiksysteme ICD-10 und DSM 5 (siehe Box).

International Classification of Diseases (ICD)

Die ICD wird von der World Health Organization (WHO) regelmäßig herausgegeben und liegt aktuell in 10. Auflage vor (Erscheinungsdatum 1994, ICD-10). In diesem Klassifikationssystem werden alle körperlichen und psychischen Erkrankungen beschrieben und klassifiziert. Die ICD-10 ist die Grundlage für die Abrechnung der Krankenkassen in Deutschland. Es muss somit eine Diagnose nach ICD-10 vorliegen, um eine psychotherapeutische Behandlung jedweder Art einzuleiten.

Diagnostic and Statistical Manual of Mental Disorders (DSM)

Das DSM wird von der American Psychiatric Association (APA) herausgegeben und liegt aktuell in 5. Auflage vor (Erscheinungsdatum der deutschen Version 2015, DSM-5). Es beschreibt alle psychischen Erkrankungen. In der Regel ist eine gewisse Parallelität zwischen ICD und DSM gegeben, sodass – insbesondere im Fall der sozialen Angststörung/sozialen Phobie – von den gleichen Kriterien ausgegangen werden kann. Das DSM wird in Deutschland ausschließlich in der Forschung eingesetzt.

Die klinische Diagnostik obliegt einem*einer approbierten Kinder- und Jugendlichenpsychotherapeut*in oder Facharzt*Fachärztin für Kinder- und Jugendlichenpsychiatrie und -psychotherapie, welcher im Anschluss die Diagnose vergeben kann.

Bezug zum Fallbeispiel Jonas

Jonas erfüllt durch die Ängste vor größeren Schulfesten mit der Sorge, sich zu blamieren, das erste Kriterium. Auch die Beeinträchtigung ist durch die zunehmende Vermeidung der Schule gegeben.

Bezug zum Fallbeispiel Lena

Auch Lena weist starke soziale Ängste auf. Die Beeinträchtigung ergibt sich bei ihr ebenfalls durch eine Vermeidung der Schule sowie durch das Aufgeben ihrer früheren Hobbies.

Bezug zum Fallbeispiel Marissa

Marissa berichtet soziale Ängste in einem etwas geringerem Umfang. Sie vermeidet soziale Situationen nicht und stellt zum Beispiel dennoch ein Buch vor. Aktuell ist zudem nicht von einer Beeinträchtigung oder Leidensdruck auszugehen, da sie erste Kontakte in der neuen Schule knüpft und sich somit langsam integriert.

Typische Situationen, die Kindern und Jugendlichen mit sozialer Angststörung schwerfallen, wurden in einer Studie im Jahr 1999 abgefragt und finden sich in Tabelle 2.

Tabelle 2: Prozentzahl von Kindern und Jugendlichen mit sozialer Angststörung, die in der genannten Situation mindestens mittelstarken Stress berichten (aus Beidel et al., 1999)

Situation	Kinder	Jugendliche
Vor einer Gruppe laut vorlesen	71	90
Musik- oder Sportvorführung	61	87
Eine Konversation beginnen oder daran teilnehmen	59	87
An der Tafel schreiben	51	76
Im Restaurant Essen bestellen	50	70
Eine Veranstaltung abends besuchen	50	91
Einen Test machen	48	76
Partys	47	90
In der Klasse eine Frage beantworten	46	75
Mit anderen Kindern arbeiten oder spielen	45	75
Den Lehrer um Hilfe bitten	44	87

Tabelle 2: Fortsetzung

Situation	Kinder	Jugendliche
Sportunterricht	37	65
Gruppen- oder Teamtreffen	36	75
Ein Bild von mir machen lassen	32	71
Öffentliche Toiletten besuchen	24	75
Einen Freund einladen, etwas zu unternehmen	24	81
Im Gang in der Schule entlang laufen	16	76
In der Cafeteria vor anderen essen	23	68
Ans Telefon gehen oder telefonieren	13	75
Verabredungen	Nicht zutreffend	54

Meist nimmt mit zunehmendem Alter – unter anderem durch die steigenden Anforderungen an soziale Aktivitäten – auch die Anzahl der gefürchteten Situationen zu, sodass für Jugendliche ein breiteres Spektrum an Situationen Angst auslöst.

Häufig führen die Kinder und Jugendlichen die Situation – unter großer Angst – so aus, wie es von ihnen erwartet wird. Weitere Reaktionen sind Weinen, Rückzug (z.B. auf die Schultoilette gehen), die Aufforderung zu ignorieren oder zu versuchen, sich unsichtbar zu machen (z.B. bewusst den*die Lehrer*in nicht anzuschauen). Oft treten Kopf- oder Bauchschmerzen als Reaktion auf (Beidel et al., 1999).

Wichtig für den Schulalltag

Soziale Ängste gehören als normativ auftretende Ängste zur sozialen Entwicklung und sind somit nicht per se behandlungsbedürftig. Erst bei starker Ausprägung der Ängste, Beeinträchtigung im Alltag und/oder Leidensdruck ist es sinnvoll, Hilfestellung zu geben.

2.4 Häufigkeit

Die Häufigkeit einer (psychischen) Störung wird über sogenannte epidemiologische Studien (vgl. Box) geschätzt. Je nach Art der Erfassung und der zugrundeliegenden Referenzpopulation können somit Unterschiede in den geschätzten Werten auftreten.

Epidemiologie
Die Epidemiologie beschreibt die Verbreitung, Ursachen und Folgen von Krankheiten in Populationen. Sie gibt somit über eine große, für die Allgemeinpopulation repräsentative Gruppe hinweg Anhaltspunkte für den Einzelfall.
Lebenszeitprävalenz
In diesem Begriff ist die Häufigkeit der Personen abgebildet, die im Laufe ihres Lebens an einer bestimmten Störung erkranken. Für das Kindes- und Jugendalter gilt als Zeitreferenz der Zeitraum bis zum 18. Lebensjahr.

2.4.1 Häufigkeit soziale Ängste und Schüchternheit

Sowohl soziale Ängste als auch Sorgen darüber, was andere über die eigene Person denken könnten, steigen im Verlauf der Kindheit und Jugend an und betreffen über die Hälfte der Kinder und Jugendlichen (siehe Abbildung 3; Kashani & Orvaschel, 1990). Prävalenzstudien für Schüchternheit im Kindes- und Jugendalter sind selten; im Erwachsenenalter schätzen sich 20–48 % als schüchtern ein (Carducci & Zimbardo, 1995). Sowohl Schüchternheit als auch soziale Ängste sind somit vergleichsweise häufige Phänomene und betreffen die Hälfte aller Kinder, Jugendlichen und Erwachsenen.

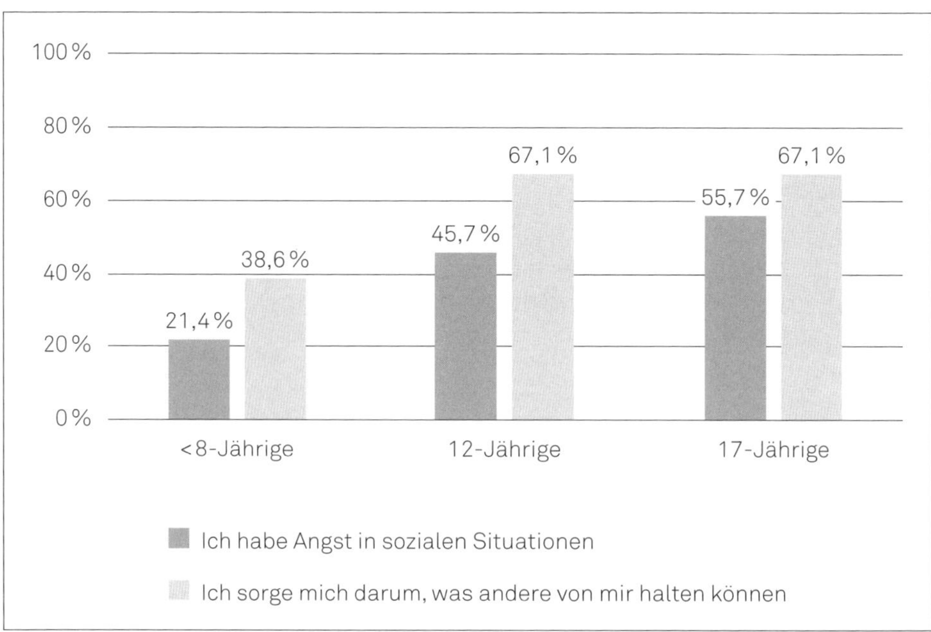

Abbildung 3: Anstieg der Häufigkeit sozialer Ängste und Sorgen

2.4.2 Häufigkeit soziale Angststörung

Die soziale Angststörung gilt als eine relativ häufige psychische Störung, deren Lebenszeitprävalenzraten zwischen 3 (z.B. Rapee, Schniering, & Hudson, 2009) und 12.1% geschätzt werden (Burstein et al., 2011). Schwankungen in den Schätzungen sind oftmals methodischen Faktoren geschuldet: So hängen diese von den zugrundeliegenden Diagnosekriterien oder von der befragten Person ab (Kind vs. Eltern vs. Lehrkräfte vs. mehrere). Diagnostische Kriterien verändern sich beispielsweise im Laufe der Jahre und werden auf dem aktuellen Wissenstand der Forschung angepasst. So wurden beispielsweise früher reine Performanzängste (z.B. Angst davor, ein Referat zu halten) häufig einer anderen Angststörung, der Spezifischen Phobie zugeordnet, während man heute davon ausgeht, dass diese eine Unterform der sozialen Angststörung darstellt. Darüber hinaus findet man häufig Diskrepanzen in der Schilderung von sozialen Ängsten zwischen Kindern, Eltern und Lehrer*innen und nur eine geringe bis moderate Übereinstimmung. Im Bereich der sozialen Angststörung kann sich dies z.B. darüber erklären, dass Kinder ihre Eltern nicht über Schwierigkeiten in der Schule informieren. Eltern und Lehrkräfte sind jedoch auf den Bericht des Kindes oder Verhaltensbeobachtungen angewiesen, um über Symptome wie Angst Auskunft geben zu können. Werden alleinig Symptome wie das Verweigern von Referaten, sozialer Rückzug in der Klasse oder ähnliches herangezogen, kann dies zu Verzerrungen führen, da diese Verhaltensweisen auch aus oppositionellen Gründen oder aufgrund von depressiven Symptomen erklärt werden können. Somit ist gerade der Bericht von Angstsymptomen sehr abhängig von der Person, welche man befragt.

2.4.3 Häufigkeit in Abhängigkeit anderer Faktoren

Geschlecht

Allgemein berichten Mädchen häufiger von Ängsten als Jungen. Bei der sozialen Angststörung schwankt die Geschlechtsverteilung zwischen 44% Mädchen vs. 56% Jungen (Last et al., 1992) und 70% Mädchen vs. 30% Jungen (Beidel & Turner, 2007). Für einen Unterschied zwischen Mädchen und Jungen in der Häufigkeit von berichteten sozialen Ängsten kann ein tatsächlicher Unterschied, z.B. aufgrund hormoneller Einflüsse, entscheidend sein. Außerdem ist jedoch zu beachten, dass Mädchen eher Ängste berichten, da dies sozial akzeptiert ist. Außerdem reagiert oft auch das Umfeld anders auf Jungen, die sich ängstlich zeigen oder Ängste berichten, als auf Mädchen (Doey et al., 2014).

Kultur

In fernöstlichen Kulturen wie bspw. Japan werden häufig höhere Ausprägungen sozialer Angst gefunden – bei zugleich weniger vorliegenden sozialen Angststörungen.

In diesen Kulturen ist es sozial erwünscht, eher ängstlich zu sein; die Prävalenzraten sozialer Angststörungen sind jedoch ähnlich (Beidel & Turner, 2007). So wird z. B. dem Blickkontakt in anderen Kulturen ein anderer Stellenwert zugemessen: In der westlichen Kultur wird fehlender Blickkontakt als Zeichen von Selbstunsicherheit eingeschätzt, während das Ausweichen von Blickkontakt in anderen Kulturen als Zeichen von Respekt für das Gegenüber gewertet wird. Im Schulkontext ist somit unter anderem zu beachten, ob ein Kind oder ein*e Jugendlicher einen kulturellen Hintergrund mit sich bringt, in dem sehr zurückhaltendes Verhalten die Norm ist, um die Gesellschaft nicht zu stören.

Sozioökonomischer Status

Es wurde wiederholt gezeigt, dass sich höhere Raten an sozialer Angststörung in Gruppen mit niedrigem sozioökonomischem Status, somit mit geringem Einkommen und geringerer Bildung, zeigen. Dies kann unter anderem dem Problem geschuldet sein, dass Kinder und Jugendliche mit sozialer Angststörung schulische und berufliche Anforderungssituationen oft vermeiden, was zu einer verminderten Schulleistung und somit auch zu einem niedrigeren Schulabschluss führt. Beispielsweise geht der Besuch der Universität mit Herausforderungen wie regelmäßigen Referaten und neuen Kontakten einher. Zum anderen werden Kinder und Jugendliche mit sozialer Angststörung in ihren Leistungen eher übersehen und erhalten oft weniger Förderung (Beidel & Turner, 2007).

Wichtig für den Schulalltag

Bei den meisten Kindern und Jugendlichen treten im Laufe der Entwicklung soziale Ängste auf, die den Alltag mehr oder weniger stark beeinflussen können. Die Ängste an sich können somit zunächst als normativ eingeschätzt werden. Unter anderem bedingt durch methodische Unterschiede zwischen Studien ergeben sich Schwankungen in der angenommenen Häufigkeit von 1 bis 12 %. Im Durchschnitt weisen somit unter 100 Kindern bis zu 12 Kinder eine soziale Angststörung auf. Bezogen auf eine Klassengröße von 25 Kindern oder Jugendlichen ist hier durchschnittlich mit bis zu 3 Kindern mit sozialer Angststörung zu rechnen. Diese Zahl verdeutlicht, dass jede Lehrkraft in ihrer Laufbahn mit unzähligen Kindern und Jugendlichen konfrontiert ist, die starke und behandlungsbedürftige soziale Ängste aufweisen.

2.5 Komorbid auftretende Phänomene und Abgrenzung zu anderen Symptomen

Es ist eher die Regel denn die Ausnahme, dass Ängste und andere psychische Auffälligkeiten zur gleichen Zeit auftreten. In diesem Fall spricht man von Komorbidität (vgl. Box).

Komorbidität

Das Vorliegen einer psychischen Störung erhöht oft die Wahrscheinlichkeit für das Vorliegen weiterer psychischer Störungen. Wenn die Kriterien für zwei verschiedene psychische Störungen erfüllt sind (z. B. Angst und Depression), werden zwei Diagnosen vergeben. Man spricht dann von einer Begleiterkrankung, der Komorbidität.

Komorbidität bezeichnet dabei das Auftreten von mindestens zwei klinisch relevanten Störungsbildern. Häufig treten neben sozialen Ängsten auch andere Ängste auf, das heißt, die Kinder und Jugendlichen sorgen sich beispielsweise auch darum, dass ihren Eltern etwas passieren könnte (Trennungsängste) oder dass ihre Zukunft unsicher ist (Generalisierte Ängste).

Neben der sozialen Angststörung treten bei Kindern und Jugendlichen oft depressive Symptome, andere Ängste oder das Aufmerksamkeitsdefizit/Hyperaktivitätssyndrom (ADHS) auf (Chavira, Stein, Bailey, & Stein, 2004). Häufig sind weitere Symptome auch eine Folge der sozialen Angststörung (Rapee & Spence, 2004). So ist beispielsweise denkbar, dass die soziale Angststörung dazu führt, dass sich ein Kind oder ein*e Jugendliche*r zurückzieht und wenig Kontakte zu anderen pflegt. Dies beinhaltet dann einen Rückgang an sogenannten positiven Verstärkern (z. B. soziale Kontakte, gemeinsame Erlebnisse, soziale Unterstützung) und schafft Raum für negative Überzeugungen („Mich mag ja sowieso niemand.", „Es interessiert keinen, was mit mir ist."). So entstehen depressive Symptome, die in einer Abwärtsspirale noch mehr Vermeidungs- und Rückzugsverhalten fördern, sodass mit Vorliegen einer komorbiden Störung die wahrgenommene Lebensqualität noch weiter sinkt als mit einer sozialen Angststörung allein (Szafranski, Talkovsky, Farris & Norton, 2014).

Differenzialdiagnose

Verschiedene Symptome (z. B. Niedergeschlagenheit, Angst) können in verschiedenen Symptomkomplexen auftreten. So führt z. B. Angst durch den sozialen Rückzug und somit einen Verlust an positiver Interaktion häufig zu Niedergeschlagenheit. Unaufmerksamkeit kann ebenso im Rahmen einer Angststörung auftreten, durch fehlende Kapazität für alles außerhalb der Angst. Für die Behandlung ist es relevant, festzustellen, zu welcher Störung ein Symptom gehört, um die Behandlung anzupassen: Bei einer zugrundeliegenden Angststörung ist es relevant, diese zu behandeln. Im Verlauf wird dann mit hoher Wahrscheinlichkeit auch die Niedergeschlagenheit nachlassen.

Zugleich ist es möglich, dass soziale Ängste nicht unbedingt im Rahmen einer sozialen Angststörung auftreten, sondern im Rahmen einer anderen psychischen

Störung. Beispielsweise ist es denkbar, dass ein Stimmungseinbruch im Rahmen einer depressiven Episode zu sozialem Rückzug führt. Dauert dieser länger an, kann die Angst steigen, sich wieder an sozialen Situationen zu beteiligen. Das Hemmnis, sich in unbekannte Situationen zu wagen, ist dann vielleicht eher der Stimmung geschuldet („Ich bin nichts wert, niemand möchte etwas mit mir zu tun haben.“) als der Sorge, negativ bewertet zu werden. Aus diesem Grund ist eine Differenzialdiagnostik notwendig (vgl. Box).

Im Folgenden werden abzugrenzende (= differenzialdiagnostische) und parallel auftretende (= komorbide) Phänomene sowie Wege der Diagnostik genauer beschrieben.

2.5.1 Differenzierung von Ängsten im Schulalltag

Im Schulalltag können sich verschiedene Symptome zeigen, die zum Komplex der sozialen Angst gehören. Einige Kinder und Jugendliche sprechen vielleicht nicht, andere reagieren generell ängstlich, wiederum andere wirken vor allem niedergeschlagen. Eine genaue Ausdifferenzierung, welche psychische Störung vorliegen könnte, findet in der klinischen Abklärung bei dem*der Kinder- und Jugendlichenpsychotherapeut*in oder bei dem*der Kinder- und Jugendlichenpsychiater*in statt. Auch wenn die genaue Abgrenzung im klinischen Kontext durchgeführt werden sollte, empfiehlt es sich auch in der Schule, die Symptome genauer zu betrachten und eine erste Abgrenzung vorzunehmen, da je nach Symptomatik ein anderes Vorgehen für die Kinder und Jugendlichen hilfreich ist (vgl. Kapitel 6, Interventionsmaßnahmen bzw. Fördermaßnahmen).

Zunächst ist es in der Schule äußerst relevant, allgemeine soziale Ängste, die sich auf Interaktions- und Performanzsituationen beziehen, von reinen Leistungsängsten abzugrenzen. Soziale Ängste beziehen sich auf ein breites Spektrum von Ängsten, sie kommen beispielsweise in Leistungssituationen in der Schule vor oder auch in Interaktion mit anderen, insbesondere bei ihnen weniger bekannten Kindern und Jugendlichen. Hier löst z. B. die Gruppenarbeit in der Unterrichtsstunde, das Erzählen von den Ferien oder der Einstieg in eine neue Klasse gravierende Ängste aus. Liegen solche Ängste vor, zeigen sich diese auch oft zwischen den Unterrichtsstunden, in der Pause oder im Alltag außerhalb der Schule. Typische Kognitionen wären „Keiner mag mich“, „Die anderen finden mich doof“, „Ich bin langweilig“.

Leistungsängste hingegen sind eine spezifischere, den sozialen Ängsten untergeordnete Kategorie. Sie gehören somit zu den sozialen Ängsten, beziehen sich jedoch vor allem auf Bewertungssituationen wie z. B. ein Referat zu halten, an der Tafel vorzurechnen oder auch eine Klassenarbeit zu schreiben. Leistungsängste können somit sowohl im schriftlichen wie auch im mündlichen Bereich auftreten. Sie beschränken sich meist auf den Unterricht, beziehungsweise den Unterricht vorbereitende Situationen wie das Lernen für Klassenarbeiten. Die zentrale Befürchtung bei den Leistungsängsten ist es, zu versagen oder eine schlechte Bewertung zu bekommen. Typische Kognitionen für Leistungsängste sind „Ich schaffe das nicht“, „Ich bin dumm“, „Ich werde bestimmt eine schlechte Note bekommen, weil ich es nicht kann“. Leistungsängste sowie soziale Ängste können im Extremfall zur Schulverweigerung führen.

Die Verweigerung des Schulbesuchs ist ein gravierendes Problem in der Schule. Sie wird auch als Schulabsentismus bezeichnet. Dies beschreibt zunächst lediglich ein Verhalten, dessen Ursachen jedoch sehr unterschiedlich sein können. Neben der formal-rechtlichen Bedingung der Einhaltung der Schulpflicht, welche für die Schule, die Kinder und Eltern einen zwingenden Rahmen vorgeben, ist für alle die Kenntnis der Ursache dieses Verhaltens notwendig, um entsprechende Gegenmaßnahmen einzuleiten. Die Verweigerung des Schulbesuchs aufgrund sozialer Ängste fällt unter den Begriff der Schulangst, der zudem auch Versagensängste aufgrund von Lernschwächen oder auch generelle Leistungsängste aufgrund des gesellschaftlichen oder familiären Drucks zu guten Noten umfasst (vgl. Leistungsangst, Kapitel 2.4.2 Häufigkeit soziale Angststörung). Andere Kinder und Jugendliche bleiben der Schule nicht unbedingt aus Angst vor der Schule fern, sondern aus der Sorge, von den Bezugspersonen getrennt zu sein, sowie dass diesen etwas passieren könne. Dieses als Schulphobie bezeichnete Phänomen fällt im klinisch-psychologischen Sprachgebrauch als Symptom unter den Begriff der Störung mit Trennungsangst (vgl. Kapitel 2.4.2 Häufigkeit soziale Angststörung). Im Fall der Schulangst ist eine Intervention bzw. Unterstützung des Kindes oder der Jugendlichen innerhalb der Schule sinnvoll, im Fall der Schulphobie ist jedoch der Einbezug der Familie entscheidend.

2.5.2 Klinische Differenzialdiagnostik

Soziale Ängste können subklinisch auftreten oder das Vollbild einer sozialen Angststörung annehmen. Subklinische Ängste oder Symptome stellen eine nicht so stark beeinträchtigende Variante von Ängsten dar. Die Ängste sind somit sichtbar, schränken aber noch nicht ein, d.h. sie erreichen nicht die Schwelle zur klinisch relevanten Angststörung (siehe auch Kapitel 2.3). Für den*die interessierte*n Leser*in geben Büch, Döpfner und Petermann (2015a) eine Übersicht, welche den Rahmen der sozialen Ängste sowie eine zugleich vorliegende Symptomatik einschätzt.

Soziale Ängste zeigen sich in verschiedenen Kontexten und können auch im Zusammenhang mit anderen psychischen Problemen auftreten. So berichten z.B. Kinder und Jugendliche in einer depressiven Episode häufig von sozialen Ängsten im Sinne von der Angst, von Anderen nicht gemocht zu werden. Da sie sich minderwertig fühlen, ziehen sie sich häufig sozial zurück. Da auch depressive Symptome begleitend zu sozialen Ängsten auftreten können, ist hier die Abgrenzung wichtig, wie sich die Symptome entwickeln: Berichtet ein Kind oder ein*e Jugendliche*r, sich aus Niedergeschlagenheit eher zurückzuziehen, ist die depressive Episode wahrscheinlich. Zeigt sich ein Kind oder ein*e Jugendliche*r als niedergeschlagen und traurig, weil es Sozialkontakte aus Angst vermeidet, steht vermutlich die soziale Angst im Vordergrund. Häufig treten auch mehrere Störungsbilder zugleich auf. Diese werden im Folgenden genauer beschrieben.

2.5.3 Abgrenzung zu anderen Ängsten

Anpassungsstörung

Im Laufe der Entwicklung werden Kinder und Jugendliche sowie Erwachsene mit kritischen Lebensereignissen konfrontiert, die die Weichen für die weitere Entwicklung stellen (Filipp & Aymanns, 2018). Unter dem Begriff der Anpassungsstörung werden alle den Alltag verändernden Ereignisse zusammengefasst; er umfasst somit sowohl normative (z. B. Umschulung auf die weiterführende Schule) wie auch non-normative Ereignisse (z. B. Scheidung der Eltern, Umzug, Gewalterleben). Im Bereich der sozialen Ängste können diese somit eine Reaktion auf ein normatives oder non-normatives Ereignis sein, wenn die Ängste zum Beispiel erst mit Übergang auf die weiterführende Schule oder als Reaktion auf eine Mobbingerfahrung erfolgen. Meist liegen im Rahmen der Anpassungsstörung (vgl. ICD-10; WHO, 1994) die Ängste dann nicht so lange oder so gravierend vor, dass von einer Angststörung gesprochen werden kann.

Wichtig für den Schulalltag –
Hinweise auf eine Anpassungsstörung

Die Ängste treten als Reaktion auf eine psychosoziale Belastung wie z. B. Übergang auf die weiterführende Schule, Umzug, Mobbing auf. Sie sind beispielsweise vor allem im Schulkontext ersichtlich, aber nicht außerhalb der Schule.

Generalisierte Angststörung

Die Generalisierte Angststörung umfasst neben sozialen Ängsten auch andere Ängste und Sorgen wie beispielsweise davor, dass den Eltern oder dem Kind selbst etwas passieren könne, dass ein Krieg ausbreche, dass Alltagsaufgaben nicht erfüllt werden können etc. Diese Ängste fluktuieren, sodass zum Beispiel an einem Tag die sozialen Ängste stärker ausgeprägt sind, an einem anderen Tag die Ängste um das Weltgeschehen (ICD-10; WHO, 1994). Kinder und Jugendliche mit dieser Störung zeigen ein starkes sogenanntes Rückversicherungsverhalten und fragen Bezugspersonen wiederholt, ob ihre Sorge unbegründet oder begründet sei. Nicht selten müssen somit auch Lehrer*innen viele Male am Tag dem Kind versichern, dass zum Beispiel ein Erdbeben, bei welchem die Schule einstürzt, nicht realistisch ist. Studien zeigen, dass die Generalisierte Angststörung mit 10 bis 28 % die häufigste Komorbidität der sozialen Angststörung darstellt (Beidel et al., 1999).

Wichtig für den Schulalltag – Hinweise auf eine Generalisierte Angststörung

Es treten nicht nur soziale Ängste auf, sondern auch Ängste um das Weltgeschehen, den Alltag, Bezugspersonen etc. Diese Ängste fluktuieren über die Zeit hinweg. Es wird sich häufig rückversichert, dass ein Ereignis nicht eintreten kann oder eine Sorge unbegründet ist.

Agoraphobie

Die Agoraphobie beinhaltet insbesondere die Sorge, von einem Ort nicht fliehen zu können (ICD-10; WHO, 1994). Typische Orte sind somit verschlossene Orte wie Fahrstühle oder Orte mit vielen Menschen in umgrenzten Räumen wie Kinos, volle Marktplätze, Flughäfen etc. Somit ist es denkbar, dass ein Kind die Schule vermeidet, da dort eine Flucht schwierig ist oder peinlich werden könnte. Die Sorge des Kindes oder Jugendlichen besteht also nicht darin, dass sein generelles Verhalten in der Schule von anderen negativ bewertet werden könnte, sondern dass ein Fortkommen aus der Situation nicht oder nur schwierig möglich ist. Generell tritt die Agoraphobie meist erst später im Leben auf, einige Studien führen als Erstauftrittsalter im Mittel ein Alter von 24 Jahren an (Thyer et al., 1985). Dennoch ist zu prüfen, worin genau die Sorge des Kindes oder des*der Jugendlichen liegt.

Wichtig für den Schulalltag – Hinweise auf eine Agoraphobie

Die Hauptsorge des Kindes oder Jugendlichen, aus der heraus es die Schule vermeidet oder als unangenehm empfindet, liegt darin, dass eine Flucht aus der Situation heraus nur schwer möglich ist.

Störung mit Trennungsangst

Kinder, welche unter einer Störung mit Trennungsangst leiden, berichten eine große Sorge davor, dass engen Bezugspersonen (meist Eltern) etwas geschehen könne oder dass sie selbst durch ein Unglück oder Verbrechen von ihren Eltern getrennt werden könnten (ICD-10; WHO, 1994). Für sie ist somit der Schulbesuch erschwert bis unmöglich, da sie unbedingt den Kontakt zu den Bezugspersonen aufrechterhalten wollen. Wie unter Kapitel 2.4.2 aufgeführt, scheint das Verhalten zu Kindern oder Jugendlichen mit sozialer Angststörung teils sehr ähnlich, da oft ein Schulbesuch vermieden wird; allerdings liegt eine andere Angst zugrunde.

Wichtig für den Schulalltag – Hinweise auf eine Störung mit Trennungsangst

Das Störungsbild beinhaltet insbesondere die Sorge, dass engen Bezugspersonen etwas passieren könne. Somit besteht die Angst im Vergleich zur sozialen Angststörung nicht vor der Schule bzw. den Personen dort, sondern vor der Trennung.

Depressive Störung

Eine depressive Störung äußert sich in niedergedrückter Stimmung, vermindertem Antrieb, Interessenlosigkeit sowie häufig über einen sozialen Rückzug (ICD-10; WHO, 1994). Der soziale Rückzug tritt jedoch bei der depressiven Störung nicht aus Angst vor Abweisung durch andere, sondern aus Antriebslosigkeit oder Interessenlosigkeit auf. Rumination (Gedankenkreisen) ist bei beiden Störungsbildern beobachtbar, unterscheidet sich jedoch teilweise bzgl. der Inhalte und des Auftrittszeitpunkts (soziale Angststörung primär nach der Situation, Depression primär vor der Situation). Fast die Hälfte aller Betroffenen mit sozialer Angststörung leiden im Laufe ihres Lebens an einer depressiven Erkrankung (Last et al., 1992). Je länger eine Angststörung im Allgemeinen anhält, desto wahrscheinlicher wird insbesondere die Komorbidität mit einer depressiven Erkrankung (In-Albon, 2011). Bei Vorliegen beider Erkrankungen verstärkt die depressive Symptomatik kognitive Verzerrungen, die der sozialen Angststörung angehören, wie z. B. negative Grundannahmen über die eigene Person aufgrund von als negativ wahrgenommenen negativen sozialen Ereignissen (Cummings et al., 2014).

Wichtig für den Schulalltag – Hinweise auf eine depressive Störung

Bei einer depressiven Störung liegt dem sozialen Rückzug Antriebslosigkeit oder Interessenlosigkeit zugrunde. Es zeigt sich generell meist eine niedergedrückte oder gereizte Stimmung. Aufgrund der hohen Komorbidität der sozialen Angststörung und einer depressiven Störung sollten beide Störungsbilder umfassend geprüft werden.

Selektiver Mutismus

Der Selektiver Mutismus (ICD-10; WHO, 1994) umfasst das Verstummen in Situationen, in denen eigentlich erwartet wird, dass gesprochen wird (z. B. Schule). In der Regel kann das Kind in anderen Situationen sprechen. Einzelne Studien berichten eine Komorbidität von ca. 8 % (Beidel et al., 1999). Insbesondere bei jüngeren Kindern zeigt sich der Selektive Mutismus häufig als komorbide Diagnose. Bislang ist noch nicht vollständig geklärt, ob das Schweigen in sozialen Situationen eine Extremform der Vermeidung eines Kindes mit sozialer Angststörung ist oder eine separate Störung (Bögels et al., 2010). Bei sehr jungen Kindern wäre es denkbar, dass das Verstummen ein gelerntes Sicherheitsverhalten ist, um der sozialen Situation in der Schule möglichst effektiv aus dem Wege zu gehen.

Wichtig für den Schulalltag –
Hinweise auf einen Selektiven Mutismus

Das Verstummen in einzelnen, sozialen Situationen kann auf eine Extremform der sozialen Angst hinweisen, aber auch unabhängig von Ängsten auftreten.

Tiefgreifende Entwicklungsstörung

Unter Tiefgreifenden Entwicklungsstörungen werden unter anderem Autismusspektrumsstörungen subsummiert, die ebenfalls Auffälligkeiten im sozialen Bereich mit sich bringen. Anders als bei der sozialen Angststörung umfassen diese auch soziale Beziehungen zu nahestehenden Personen wie der Familie (ICD-10; WHO, 1994). Es fällt betroffenen Kindern und Jugendlichen schwer, sich in andere Personen hineinzuversetzen. Zudem zeigen sich Spezialinteressen (z. B. Sammeln von Verkehrsschildern) und Auffälligkeiten in der Interaktion wie beispielsweise fehlende Wechselseitigkeit im Gespräch, indem z. B. kein Interesse an der anderen Person sichtbar wird. Bei einem Großteil der schwer betroffenen Patienten zeigt sich zudem eine kognitive Leistungseinschränkung.

Wichtig für den Schulalltag –
Hinweise auf eine Tiefgreifende Entwicklungsstörung

Interaktionsauffälligkeiten bestehen auch in engen Beziehungen wie der Familie. Weitere Symptome wie Spezialinteressen und Interaktions- und Kommunikationsauffälligkeiten zeichnen ein breiteres Bild der Einschränkung als bei der sozialen Angststörung.

Psychische Störung durch Substanzmissbrauch

Ängste können auch durch den missbräuchlichen Konsum von Substanzen ausgelöst werden. So erhöht beispielsweise der Konsum von Cannabis das Risiko von auftretenden Ängsten und Angststörungen (Hoch, 2019). Neben der Ursache kann der Substanzkonsum auch die Folge der sozialen Angststörung sein: Im (jungen)

Erwachsenenalter folgt der sozialen Angststörung häufig ein missbräuchlicher Konsum von Alkohol (19–28%, Ham, Bonin, & Hope, 2007). Eine große epidemiologische Studie aus den USA (Grant et al., 2005) berichtet, dass mit einer sozialen Angststörung (Lebenszeit) in 48.2% der Fälle eine Alkoholabhängigkeit, in 22.3% Drogenmissbrauch und in 33.0% eine Nikotinabhängigkeit einhergeht. Im Verlauf von Jugend und frühem Erwachsenenalter mehren sich neue soziale Situationen, die es zu meistern gilt; Alkohol wird dabei als einfach verfügbare Methode gesehen, Gefühle von Angst in diesen zu bewältigen (Ham et al., 2007).

Wichtig für den Schulalltag – Hinweise auf eine psychische Störung durch Substanzmissbrauch

Die Angstsymptome stellen eine Folge des Substanzkonsums dar. Bei Abstinenz von der Substanz verschwinden auch die Angstsymptome.

Leistungsangst als Spezifische Phobie

Die häufigste Komorbidität der sozialen Angststörung im Bereich der Angststörungen stellt die Spezifische Phobie dar (10%, Beidel et al., 1999), welche eine ausgeprägte Angst vor spezifischen Objekten oder Situationen umfasst (ICD-10; WHO, 1994). Die Spezifische Phobie beinhaltet dabei ein Spektrum von möglichen angstbesetzten Stimuli Tieren wie (z.B. Spinnen, Hunde, Schlangen), Höhe, Blut und Spritzen, Flugzeuge etc. Bezeichnend ist, dass der Stimulus umgrenzt ist, sodass eine Vermeidung teilweise recht einfach ist (z.B. nie mit dem Flugzeug fliegen) und somit scheinbar keine Einschränkung auftritt. Nach ICD-10 (WHO, 1994) werden Ängste, die sich rein auf Leistungssituationen beziehen (z.B. Vorträge, Klassenarbeiten) unter der Spezifischen Phobie subsummiert. Hat ein Schüler oder eine Schülerin ausschließlich Angst vor Prüfungen oder davor, eine schlechte Note zu bekommen, ohne dass er oder sie Angst hat, sich vor den anderen zu blamieren oder dass die anderen lachen könnten, wird dies als Leistungsangst bezeichnet. Die Einordnung der Leistungsangst als spezifische Phobie widerspricht dem amerikanischen Diagnostiksystem DSM-5, welches die Leistungsangst als spezifische Untergruppe der sozialen Angststörung betrachtet. Bezüglich der Leistungsangst besteht somit sowohl auf Forschungs- wie auch auf Praxisebene Uneinigkeit, ob diese ein eigenständiger Störungsbereich ist oder als spezifischer Teil der sozialen Angststörung angesehen werden kann. Generell scheint es jedoch sinnvoll, Leistungsängste von sozialen Ängsten abzugrenzen.

Wichtig für den Schulalltag – Hinweise auf eine Leistungsangst als Spezifische Phobie

Die Angst besteht insbesondere in Leistungssituationen, also beim Erbringen von Leistungen vor anderen, beispielsweise im Rahmen von Referaten oder Klassenarbeiten. Im Mittelpunkt für die Schüler*innen steht die Sorge, eine schlechte Note zu bekommen, nicht so sehr die Befürchtung, dass andere über sie lachen könnten oder sie sich vor den anderen blamieren könnten.

Aufmerksamkeitsdefizit/Hyperaktivitätsstörung (ADHS)

ADHS beinhaltet Symptome der Unaufmerksamkeit, Hyperaktivität und Impulsivität, welche meist sowohl den Schulalltag wie auch das Alltagsleben zuhause stören (ICD-10; WHO, 1994). Bis zu 25 % aller von ADHS Betroffenen berichten klinisch relevante Angststörungen, darunter auch häufig soziale Ängste (Schatz & Rostain, 2006). Dies kann unter anderem darauf zurückzuführen sein, dass Kinder mit ADHS sich sozial nicht immer angemessen verhalten und häufig negatives Feedback ihrer Umgebung erhalten. Wenn es sich häufig wiederholt, dass eine Situation zu einer Abwertung der eigenen Person führt, entsteht für die Kinder oder Jugendlichen die Sorge, sich auch in künftigen Situationen peinlich zu verhalten und negativ aufzufallen. Zudem können auch soziale Ängste bei anderen Personen den Eindruck insbesondere von Unaufmerksamkeit entstehen lassen: So führt die Beschäftigung mit der eigenen Person, das Gedankenkreisen um die eigene Person und Wirkung auf andere dazu, dass wenig kognitive Kapazität zum Beispiel für den Unterricht bleibt. Ein ängstliches Kind oder ein*e ängstliche*r Jugendliche*r kann somit abwesend und unaufmerksam wirken. Zugleich führen Ängste oft zu einer körperlichen Unruhe und Nervosität, die von außen als Hyperaktivität gedeutet werden können. Gerade bei jüngeren Kindern können sich Symptome sozialer Ängstlichkeit auch über Unruhe äußern, da Kinder bei Angst teilweise zur Überkompensation neigen und sich aus der Unsicherheit heraus handeln (im Sinne von „Wenn ich Angst habe, dass jemand über mich lachen könnte, tue ich absichtlich etwas, worüber die anderen lachen.“).

Wichtig für den Schulalltag – Hinweise auf ein ADHS

Soziale Ängste können komorbid zu ADHS auftreten. ADHS beinhaltet zudem Symptome von Unaufmerksamkeit, Hyperaktivität und Impulsivität, welche auch unabhängig von Ängsten zu beobachten sind.

Bezug zum Fallbeispiel Jonas

Bei Jonas traten im frühen Kindesalter Trennungsängste auf, die aktuell nicht mehr vorliegen. Über diese Zeit berichten Jonas Eltern, dass er keine Ängste vor dem Kindergarten per se hatte, sondern Angst hatte, sich von den Eltern zu trennen.

Bezug zum Fallbeispiel Lena

Bei Lena zeigten sich in der Vergangenheit Symptome eines Selektiven Mutismus, der in der dritten Klasse bestand. In dieser Zeit sprach sie aufgrund von Angst vor einem Lehrer drei Monate lang in der Schule nicht. Somit bestand die Angst nur in ausgewählten Situationen und basierte insbesondere auf sozialen Ängsten.

Bezug zum Fallbeispiel Marissa

Marissas Eltern berichten, dass sie sich generell viele Gedanken über das Weltgeschehen mache und dabei auch auf die Rückversicherung von den Eltern angewiesen sei, dass sie sicher sei. Diese Sorgen und Ängste fallen unter generalisierte Ängste, scheinen jedoch nicht klinisch relevant zu sein, da keine Beeinträchtigung im Alltag besteht.

2.6 Zusammenfassung

- Soziale Ängste sind gekennzeichnet durch die Furcht, sich gegenüber fremden Personen peinlich zu verhalten oder sich zu blamieren.
- Eine soziale Angststörung beinhaltet neben ausgeprägten Ängsten auch eine Beeinträchtigung oder Leidensdruck im Alltag durch diese Ängste.
- Etwa die Hälfte aller Kinder und Jugendlichen sind von Schüchternheit und vorübergehenden sozialen Ängsten betroffen. Soziale Ängste nehmen ihren Höhepunkt in der Jugend.
- Die soziale Angststörung tritt bei bis zu 12 % aller Kindern und Jugendlichen auf.
- Soziale Ängste können auch im Rahmen anderer Ängste oder psychischer Störungen wie z. B. depressiven Störungen auftreten. Eine erste diagnostische Einschätzung im Rahmen der Schule ist hilfreich, um betroffene Kinder und Jugendliche adäquat zu unterstützen.
- Hat ein Schüler oder eine Schülerin im Unterricht oder bei Klassenarbeiten ausschließlich Angst, zu versagen und eine schlechte Note zu bekommen, so bezeichnet man dies als Leistungsangst.

3 Ursachen

Wie in Kapitel 2 beschrieben, stellen soziale Ängste ein natürliches Phänomen in der Entwicklung von Kindern und Jugendlichen dar. Im Folgenden stehen nicht die Ursachen normativer sozialer Ängste im Fokus, sondern Erklärungsmodelle für erhöhte soziale Ängste bzw. soziale Angststörungen.

3.1 Entstehung und Aufrechterhaltung von sozialen Ängsten

Warum entwickelt ein Kind oder ein*e Jugendliche*r gravierende soziale Ängste bis hin zu einer Angststörung, ein anderes Kind oder Jugendliche*r in einer ähnlichen Situation aber nicht? Einigkeit besteht in der Forschung darüber, dass es keine einfachen Erklärungsansätze oder eine alleinige Ursache wie beispielsweise (fehlende) Bindungserfahrungen oder dysfunktionales Elternverhalten gibt. Viele Wege können zu einer Erhöhung sozialer Ängste führen, z. B. über Lernerfahrungen oder ein ängstliches Temperament, sodass generell von einem biopsychosozialen Modell der Entstehung von Ängsten ausgegangen wird (siehe Kasten). Man geht somit davon aus, dass zum einen Faktoren relevant sind, welche biologisch bedingt sind, z. B. über eine genetische Vorbelastung. Darüber hinaus spielen auch psychische Faktoren wie eine verzerrte Wahrnehmung von sozialen Gefahren eine wichtige Rolle. Schließlich sind auch soziale Faktoren wie z. B. Bullying-Erfahrungen zentral. Diese Bereiche werden im Folgenden näher ausgeführt. Neben der Entstehung ist auch die Aufrechterhaltung (siehe Kasten) relevant, da Verhalten meist von folgenden Konsequenzen in der Aufrechterhaltung begünstigt oder gehemmt wird. So ist beispielsweise für die soziale Angst relevant, dass eine Vermeidung einer sozialen Situation zu einem Nachlassen der Angst führt. Die Vermeidung führt somit zu einem (sozialen) Rückzug und der fehlenden Lernerfahrung, dass eine soziale Situation gemeistert werden kann – die soziale Angst wird aufrechterhalten.

Entstehung
Die zentrale Fragestellung von Entstehungsmodellen einer psychischen Störung ist, *warum* und *wie* diese entstehen. Allgemein wird in der Wissenschaft angenommen, dass psychische Störungen aus einem komplexen Zusammenwirken von biologischen, psychischen und sozialen Einflussfaktoren entstehen. Störungsübergreifend werden häufig sogenannte biopsychosoziale Modelle angenommen, die eine psychische Störung als bedingt durch die Interaktion multipler Faktoren (z. B. bio: genetische Faktoren, psycho: kognitive Verzerrungen, sozial: Lernerfahrungen) betrachten. Für einzelne Störungsbilder ist insbesondere die Art der Interaktion sowie die Relevanz einzelner Faktoren zu klären.
Aufrechterhaltung
Neben den verursachenden Faktoren ist es notwendig, aufrechterhaltende Faktoren zu betrachten, d. h. die Frage zu klären, *warum eine psychische Störung bestehen bleibt*. Hier können ähnliche Faktoren relevant sein wie in der Entstehung, jedoch spielen bestimmte biologische Faktoren (z. B. Genetik) oft eine untergeordnete Rolle. Forschungsstudien zeigen auch, dass bei der Behandlung von sozialen Ängsten Aufrechterhaltungsfaktoren eine wichtigere Rolle spielen als Entstehungsfaktoren. So ist es beispielsweise wichtiger, bei einem Kind oder Jugendlichen positive Lernerfahrungen zu schaffen, als mögliche auslösende Erlebnisse in der Vergangenheit nachträglich ausführlich zu bearbeiten.
Risikofaktor
Bedingende Faktoren für den Erwerb einer bestimmten Krankheit werden als Risikofaktor bezeichnet. Diese können sowohl veränderbar sein (variabler Risikofaktor; z. B. Erziehungsverhalten) wie auch unveränderbar (fester Risikofaktor; z. B. Geschlecht, genetische Faktoren).
Schutzfaktor
Schutzfaktoren beinhalten Aspekte, welche schon vor dem Auftreten von Störungen bestehen und durch das Auftreten von Risikofaktoren aktiviert werden, indem sie deren Wirkung abmildern oder aufheben. Ähnlich zu Risikofaktoren können diese veränderbar sein (variabler Schutzfaktor, z. B. positive Bindungserfahrungen) wie auch unveränderbar (fester Schutzfaktor, z. B. ausgeglichenes Temperament).
Kompensationsfaktoren
Kompensationsfaktoren beinhalten Merkmale und/oder Eigenschaften, die zur Bewältigung entstandener (psychischer) Störungen vorteilhaft eingesetzt werden. In diesen Bereich fällt beispielsweise auch Psychotherapie.

3.2 Biologische Risiko- und Schutzfaktoren

Biologische Risikofaktoren hängen eng mit begünstigenden, genetischen Faktoren wie auch sonstigen Einflüssen auf den Körper zusammen. Im Folgenden werden insbesondere die genetischen Faktoren genauer dargestellt. Jedoch spielen auch biochemische, psychophysiologische und neuropsychologische Prozesse eine Rolle. Biochemisch ist beispielsweise ein gestörtes Neurotransmittersystem im Gehirn zu nennen, insbesondere ein niedriger Serotoninspiegel. Psychophysiologisch wird oft eine tonische Überaktivierung berichtet, sodass eine körperliche Angstreaktion in einer objektiv wenig bedrohlichen Situation auftritt. Neuropsychologische Defizite umfassen schließlich beispielsweise Einschränkungen der Exekutivfunktionen, was die Steuerung von Verhalten in Anpassung an die Umwelt beinhaltet. Weitere, äußere Faktoren, die als biologische Risikofaktoren zählen und auf die Symtomatik Einfluss nehmen, können zudem Schwangerschafts- und Geburtskomplikationen sein. Auch können Risikofaktoren während der Schwangerschaft wie beispielsweise Rauchen der Mutter Einfluss auf die Symptomatik nehmen.

3.2.1 Genetische Risikofaktoren

Ängste und somit auch soziale Ängste treten gehäuft in Familien auf (Lieb et al., 2000), sodass eine genetische Veranlagung angenommen und auch von der Empirie bestätigt werden kann (Scaini et al., 2014). Die spezifischen Einzelgene oder Genabschnitte sind jedoch noch unklar, genauso wie die Interaktion mit Umweltbedingungen (Stein & Gelernter, 2014). Es ist gut möglich, dass insbesondere eine Tendenz zur Ängstlichkeit vererbt wird (siehe auch Kapitel 3.2.2 Temperament), welche dann durch die durch ungünstige Umgebungsfaktoren (z. B. überbehütender elterlicher Erziehungsstil) zur Entwicklung einer sozialen Angststörung führt.

3.2.2 Temperament

Ein weiterer, relativ stabiler biologischer Faktor ist das Temperament. Das Temperament erschließt sich meist von Geburt an darin, ob ein Kind oder ein*e Jugendliche*r eher schüchtern oder offen auf neue Situationen zugeht. Als entscheidender Temperamentsfaktor für die Entstehung einer sozialen Angststörung wird die sogenannte Verhaltenshemmung gesehen (Kagan et al., 1988). Verhaltenshemmung bezeichnet eine starke Zurückhaltung gegenüber neuen Situationen und Menschen. Die Verhaltenshemmung alleine führt noch nicht zu einer sozialen Angststörung. In Kombination mit einem eher ängstlichen Umfeld wie beispielsweise Eltern, die versuchen ihr Kind, sehr stark von möglichen Gefahren abzuschirmen, erhöht sich jedoch die Wahrscheinlichkeit zur Entwicklung einer sozialen Angststörung (Hirshfeld-Becker et al., 2014). Somit führt ein gehemmtes Temperament vor allem in Verbindung mit anderen, äußerlichen Faktoren zur sozialen Angststörung (Hudson et al., 2011; Hudson & Dodd, 2012). Diese Kombination aus inneren und äußeren Prozessen birgt das Potential zur Prävention: So konnte bei Kindern mit hoher Verhaltenshemmung durch ein Elterntraining die Entwicklung von einer sozialen Angststörung verhindert werden (z. B. Rapee, Kennedy, Ingram, Edwards, & Sweeney, 2005). In dieser Intervention wurden beispielsweise mit Eltern die Grundlagen von Angst(störungen) sowie Möglichkeiten, das Kind zu unterstützen, besprochen. Außerdem erhielten die Eltern Hilfe bei der Bearbeitung eigener, ängstlicher Gedanken (z. B. „Mein Kind schafft das nicht ohne mich.“).

Merke: Relevanz biologischer Risikofaktoren in der Schule

Unterschiede im Temperament von Kindern zeigen sich auch in der Schule bereits ab dem ersten Tag, wenn manche Kinder bei der Einschulung neugierig und offen für die neue Schule sind, während andere Kinder sich nur schwer auf einen neuen Kontext einlassen können. Diese temperamentsbedingten Unterschiede zeigen sich immer wieder als relevant, z. B. bei einem Wechsel der Lehrkraft, bei der Einführung neuer Fächer oder beim Wechsel in die weiterführende Schule. Jedoch führt ein eher zurückhaltendes Temperament nicht automatisch zur Entwicklung einer späteren sozialen Angststörung. Die Kinder benötigen eine etwas längere Zeit der Eingewöhnung, die mit verstärkten Ängsten einhergeht, finden sich dann aber genauso gut ein wie andere Kinder.

3.3 Psychische Risikofaktoren

Intrapersonelle bzw. persönliche Risikofaktoren des Kindes oder Jugendlichen für die Entwicklung sozialer Ängste sind weitreichend bekannt und werden im Folgenden dargestellt. Es ist nicht abschließend geklärt, ob diese eine Ursache für soziale Ängste sind (d. h., beispielsweise wird eine Situation negativ interpretiert, sodass soziale Ängste verstärkt werden) oder ob sie eine Begleiterscheinung darstellen (d. h., es treten soziale Ängste auf, die zu einer negativen Interpretation der Situation führen). In jedem Fall tragen sie zur Aufrechterhaltung der Problematik bei.

3.3.1 Kognitive Verzerrungen

Soziale Angst gilt als eine äußerst kognitive Angst, das heißt, dass ungünstige Gedanken und Aufmerksamkeitsprozesse bei der sozialen Angststörung eine besonders große Rolle spielen. Zunächst finden gedanklich einige Schleifen statt: Für ein Kind muss klar sein, dass ein anderes Kind oder eine erwachsene Person etwas anderes über das Kind denkt, als es möglicherweise über sich selbst denkt (z. B. weiß Jonas im Fallbeispiel, dass er seinen Text vor einem Auftritt auswendig gelernt hat. Er fürchtet aber, dass die anderen denken könnten, dass er sich nicht vorbereitet habe und dumm oder faul sei.) Zudem findet zum Beispiel im Vergleich zu einer Spinnenphobie, bei welcher oft eine schnelle, fast unbewusste (Vermeidungs)Reaktion auf die Spinne erfolgt, bei sozialen Ängsten fast immer eine gedankliche Schleife statt: Eine soziale Situation löst eine Bewertung aus („Ich schaffe das nicht, die anderen werden lachen."), aus welcher die Vermeidungsreaktion folgt. Diverse Modelle der sozialen Angst betonen insbesondere, dass die Wahrnehmung der Erwartungen an die eigene Person nicht zu den wahrgenommenen Fähigkeiten passen (z. B. Erwartung – „Es wird erwartet, dass ich ein eloquentes Referat halte" vs. Fähigkeit – „Ich bin nicht dazu in der Lage, gute Vorträge zu halten").

Beispielhaft wird an dieser Stelle ein Modell der Aufrechterhaltung von Clark und Wells (1995) beschrieben, welches sowohl in der Forschung wie auch in der Behandlung breite Anwendung findet.

Menschen mit sozialer Angststörung zeichnen sich durch den starken Wunsch aus, einen möglichst guten Eindruck von sich bei anderen zu hinterlassen (Clark & Wells, 1995). Dabei verspüren sie zugleich große Unsicherheit, dies zu schaffen. Konkret beginnen gedankliche Prozesse damit, dass sich eine Person mit sozialer Angststörung in eine soziale Situation begibt und schnell die Gefahr der negativen Bewertung durch andere wahrnimmt (z. B. „Oh je, bei diesem Referat werden mich alle ganz genau beobachten"). Körperliche Signale wie Unruhe oder Nervosität werden als sicheres Zeichen dafür gewertet, dass auch Personen von außen auf diese Informationen fokussieren (z. B. „Ich fühle mich nervös, also sehen alle anderen auch, wie nervös ich bin"). Die Person wechselt in eine sogenannte Beobachterperspektive und nimmt sich selbst von außen so wahr wie scheinbar die anderen auch. Diese Wahrnehmung führt dann unter anderem zur Anwendung von sogenanntem Sicherheitsverhalten wie z. B. dem starren Festhalten an den Karteikarten, um Zittern zu vermeiden. Jedoch führt gerade Sicherheitsverhalten oft dazu, dass das befürchtete Verhalten noch stärker auftritt; so verstärkt sich Zittern beim starren Festhalten eines Gegenstands. Sicherheitsverhalten birgt zudem das Risiko der Aufrechterhaltung, da mögliche soziale Erfolge nicht auf eigene soziale Kompetenz, sondern auf das Sicherheitsverhalten attribuiert werden. Ein weiterer, dysfunktionaler Prozess betrifft die Überschätzung der Bewertung durch andere: So tendieren Personen mit sozialer Angststörung dazu, soziale Risiken zu überschätzen und im Sinne des Katastrophisierens immer davon auszugehen, dass die Konsequenzen eines sozialen „Missgeschicks" (z. B. sich versprechen) unrealistisch negative Auswirkungen haben (z. B. Versetzung ist gefährdet). Dies führt zu einer durchgehenden Beobachtung der eigenen Gedanken und des eigenen Verhaltens, sodass wenig gedankliche Ressourcen und geringe Aufmerksamkeit für den sozialen Kontakt an sich übrig bleiben. Im Resultat wirken Menschen mit sozialer Angststörung häufig arrogant oder unfreundlich.

Ein letzter dysfunktionaler, kognitiver Prozess beinhaltet Gedanken vor und nach einer sozialen Situation (Clark & Wells, 1995). Bereits vor der Situation werden negative Erfahrungen ins Gedächtnis gerufen und Erwartungen und bildliche Vorstellungen vom eigenen Versagen vorweggenommen (z. B. am Morgen vor dem Referat stellt sich der*die Schüler*in bereits vor, wie alle lachen). Dies führt entweder zur Vermeidung der Situation (z. B. zuhause bleiben) oder erneut zu einem extrem starken Fokus auf die eigene Person (z. B. basierend auf der Überzeugung, dass man sich die ganze Zeit perfekt im Griff haben müsse, um niemandem Anlass zum Lachen zu geben). Im Anschluss an die Situation richtet sich der innere Scheinwerfer dann erneut auf negative Anteile der Situation (vergleiche Interpretationsbias, Kapitel 2, Abbildung 2), die wieder und wieder durchgegangen werden (z. B. „Ich bin mir ganz sicher, dass Laura und Tim hinten getuschelt und über mich gekichert haben.“). Dieser Prozess trägt entscheidend zur Aufrechterhaltung eines negativen Selbstbilds bei (z. B. „Ich kann nichts.“) und erhöht die Wahrscheinlichkeit, kommende Situationen zu vermeiden.

Neben Gedanken, die fast durchgehend eine negative Auslegung der eigenen Person und der eigenen Leistung beinhalten, werden auch Verhaltensweisen als psychische Risikofaktoren betrachtet. Ein Faktor, der sich sowohl in kognitiven Verzerrungen mit Fokus auf negativen Aspekten wie auch im konkreten Verhalten zeigen kann, ist die soziale Kompetenz.

3.3.2 Soziale Kompetenz

Soziale Kompetenz beinhaltet neben einer übergeordneten Fähigkeit, soziale Situationen (z. B. Konflikte) kompetent zu lösen, auch konkrete Verhaltensweisen wie z. B. das Halten von Blickkontakt oder Lächeln in der Interaktion. Diese Fähigkeiten sind ein zentraler Faktor für das Gelingen von sozialer Interaktion. Man geht davon aus, dass sich an dieser Stelle Kinder und Jugendliche mit sozialen Ängsten untereinander unterscheiden: Einzelne Kinder und Jugendliche zeigen tatsächlich ein Defizit in der sozialen Kompetenz und werden als ungeschickt oder gar arrogant wahrgenommen. Andere Kinder und Jugendliche hingegen zeigen eine verzerrte Wahrnehmung: Sie schätzen sich selbst als wenig kompetent ein, während dies für Beobachter*innen von außen so nicht deutlich ist. Dies bestätigen auch Studien, die teilweise Kompetenzdefizite (z. B. Spence, Donovan, & Brechman-Toussaint, 2000) und teilweise eine geringe Übereinstimmung zwischen fremd- und selbsteingeschätzter sozialer Kompetenz zeigten (Cartwright-Hatton et al., 2003). Die generelle Annahme eines Kompetenzdefizits birgt das Problem, dass in diesem Fall alle Kinder und Jugendlichen mit sozialer Angststörung ein Kompetenztraining erhalten. Dies vermittelt jedoch den Kindern und

Jugendlichen, die bereits kompetent sind, noch mehr den Eindruck, dass sie nicht über die notwendigen Fähigkeiten verfügen (Cartwright-Hatton et al., 2003, 2005). Somit ist eine ausführliche Diagnostik inklusive einer Verhaltensbeobachtung notwendig, um vorhandene bzw. mangelnde Kompetenzen zu erkennen. Schließlich ist insbesondere die wahrgenommene, mangelnde soziale Kompetenz ein relevanter Faktor in der Aufrechterhaltung der sozialen Angststörung.

3.3.3 Emotionsregulation

Emotionsregulation umfasst alle bewussten und unbewussten Prozesse, die beeinflussen, welche Emotionen wie und wann erlebt und ausgedrückt werden. Somit besteht die Möglichkeit, emotionales Erleben entweder zu intensivieren oder es abzuschwächen (Gross & Feldman Barrett, 2011). Die Fähigkeit, Emotionen adaptiv zu regulieren, wird im Laufe der Kindheit und Jugend erworben. Neben der Untersuchung grundlegender Emotionsregulationsdefizite bei Kindern und Jugendlichen mit psychischer Störung sind somit auch die parallele Betrachtung der Eltern sowie deren Umgang mit den Emotionen des Kindes oder Jugendlichen relevant. So wird davon ausgegangen, dass Eltern über die Regulation der eigenen Emotionen als Modell für ihre Kinder dienen sowie dass die Eltern in ihrer Art der Reaktion auf die Emotion des Kindes oder Jugendlichen mitbestimmen, welche Strategien das Kind oder der Jugendliche zur Emotionsregulation entwickelt (Eisenberg et al., 1999). Wenn ein Kind oder ein*e Jugendliche*r beispielsweise aus Angst beginnt zu weinen und die Eltern darauf eher verständnislos reagieren (z. B. „Nun reiß dich doch mal zusammen. Wegen so etwas weint man doch nicht.“), lernt das Kind oder der*die Jugendliche zum einen, dass sein Gefühl nicht korrekt ist und es somit dieses Gefühl versuchen sollte zu unterdrücken, sowie zum anderen, dass seine Reaktion (weinen) nicht etwa zum Trost durch die Eltern führt, sondern dazu, zurecht gewiesen zu werden. Neben der inhaltlichen Einteilung von bestimmten Strategien wie z. B. Vermeidung als dysfunktional (z. B. Aldao, Nolen-Hoeksema, & Schweizer, 2010) gibt es Bestrebungen, eine flexible Handhabung verschiedener Strategien als besonders gesundheitsförderlich zu betrachten (Cole, Martin, & Dennis, 2004). Somit ist nicht eine Strategie wie z. B. zu versuchen, eine Situation positiv zu betrachten (Neubewertung), immer adaptiv, sondern vielmehr ein großes Repertoire an verschiedenen Strategien. Eine beispielhafte Ausführung von adaptiven und maladaptiven Emotionsregulationsstrategien findet sich in Tabelle 3.

Tabelle 3: Auswahl an Emotionsregulationsstrategien mit beispielhaften Äußerungen in der Schule, eingeteilt nach langfristiger Wirkung für die Person. Adaptiv bezeichnet dabei langfristig hilfreiche Strategien, die z. B. zu einer funktionalen Bewältigung von Angst führen. Maladaptiv bezieht sich auf Strategien, die vielleicht kurzfristig zu einer Angstreduktion führen, die Angst aber langfristig verstärken.

Adaptiv*	Maladaptiv*	Nicht eindeutig zuzuordnen
Akzeptanz	**Vermeidung, Rückzug**	**Ablenkung**
„Ich hab mich beim Referat ein paar Mal versprochen und die anderen haben gelacht. Das war peinlich, ist aber jetzt vorbei und ok."	„Oh nein, ich muss ein Referat halten. Ich glaube, ich kann nicht in die Schule gehen. Ich fühle mich ganz krank und bleibe lieber zuhause."	„Heute Abend mache ich nichts mehr für das Referat. Lieber schaue ich noch einen Film."
Kognitives Problemlösen	**Rumination (Grübeln)**	**Vergessen**
„Morgen muss ich ein Referat halten. Was kann ich tun, damit ich mich gut vorbereitet fühle?"	„Ich muss morgen ein Referat halten. Bestimmt werden alle lachen und keiner wird zuhören. Es wird ganz schrecklich, vielleicht lacht sogar meine Freundin. Oh nein, was, wenn wir dann keine Freunde mehr sind?"	„Stimmt ja, morgen ist ein Referat dran. Da habe ich gar nicht mehr dran gedacht."
Problemorientiertes Handeln	**Unterdrückung von Gefühlen bzw. deren Ausdruck**	
„Ich habe Angst vor dem Referat morgen. Ich lese heute noch einmal meine Notizen durch und übe heute abend mit meinen Eltern."	„Ich darf mir auf keinen Fall anmerken lassen, dass ich nervös bin."	

Tabelle 3: Fortsetzung

Adaptiv*	Maladaptiv*	Nicht eindeutig zuzuordnen
Neubewertung	**Aggression**	
„Morgen steht das Referat an. Wenn ich das geschafft habe, habe ich einen weiteren Schritt zum Ende des Schuljahrs hinter mir."	„Das kann doch nicht so schwer sein, ein Referat zu halten. Warum kann ich mir das nur nicht merken? Wenn mich heute noch einer darauf anspricht, raste ich aus."	
Stimmung anheben	**Aufgeben**	
„Das Referat wird morgen bestimmt anstrengend. Ich gönne mir vorher ein schönes Frühstück und male mir aus, wie ich mich nachmittags mit meiner Freundin treffe."	„Ich kann das nicht. Ich werde nie ein Referat auf die Reihe bringen. Besser, ich lasse die Schule ganz sein."	
Soziale Unterstützung	**Selbstabwertung**	
„Das Referat morgen wird ganz schön aufregend. Ich frage Anna, ob sie es noch mal mit mir durchgehen kann. Wenn ich aufgeregt bin, schaue ich einfach sie an."	„Ich bin so dumm, dass ich nicht mal ein Referat halten kann. Alle anderen schaffen das ganz einfach."	

* Es gilt zu beachten, dass potentiell die Einteilung in funktional versus dysfunktional zu kurz greift und sich nicht in allen Studien exakt so zeigt. Ein flexibler Einsatz eines möglichst breiten Repertoires an Strategien scheint je nach Situation für eine Person die förderlichste Variante zu sein.

Kinder mit einer sozialen Angststörung berichteten in einer Studie, mehr dysfunktionale Emotionsregulationsstrategien anzuwenden als Kinder ohne Angststörung (Asbrand et al., 2016). Bezüglich des entwicklungsbezogenen Ablaufs besteht die Vermutung (Klemanski et al., 2017), dass bereits bei erhöhten sozialen Ängsten, also vor dem Vorliegen des Vollbilds der sozialen Angststörung, Schwierigkeiten in der Emotionsregulation bestehen und diese den Störungsbeginn fördern.

Merke: Relevanz psychischer Risikofaktoren in der Schule

Kinder und Jugendliche mit hohen sozialen Ängsten neigen dazu, sich selbst und ihre Leistung negativ zu bewerten, was wiederum in Angst resultiert. Häufig fehlen passende Strategien, um mit der Angst umzugehen. Die negative Bewertung geschieht sowohl in der Situation selbst (z. B. bei einem Vortrag), als auch im Nachgang. Einige Kinder und Jugendliche zeigen sich als eher ungeschickt in sozialen Situationen wie z. B. in einer Gruppenarbeit. Für diese Faktoren ist nicht geklärt, ob sie eine Folge erhöhter sozialer Ängste sind oder diese bedingen.

3.4 Soziale Risikofaktoren

Unter sozialen Risikofaktoren werden Erlebnisse und Erfahrungen mit anderen Personen verstanden, die zur Entstehung und Aufrechterhaltung einer Störung beitragen können. Aus Lernerfahrungen heraus entwickelt sich ein Bild der Umwelt (z. B. als bedrohlich) und des Selbst (z. B. als schwach), welche das konkrete Verhalten und Erleben in einer aktuellen Situation beeinflussen können.

3.4.1 Familie

In der Regel stellen Eltern ab Geburt einen stabilen Umgebungsfaktor dar, der für die emotionale und soziale Entwicklung entscheidend ist. Bezüglich der sozialen Angststörung wurden im Rahmen der Erziehung insbesondere das Ausmaß von Überbehütung und Kontrolle, (fehlende) Wärme und Kritik als entscheidend für die Störung diskutiert (McLeod et al., 2007). Überbehütung umfasst konstant strenges und kontrollierendes Verhalten, welches kindliche Aktivitäten und Routinen exzessiv reguliert und die Abhängigkeit des Kindes von den Eltern fördert (Chorpita & Barlow, 1998). Die landläufige Bezeichnung von „Helikoptereltern" geht in die Richtung überbehütenden Erziehungsverhaltens. Kritik hingegen bezeichnet elterliches Verhalten mit wenig Wärme und hoher Zurückweisung (Wood et al., 2003). Jedoch scheinen diese Faktoren nicht entscheidend für die soziale Angststörung allein zu sein (McLeod et al., 2007), sondern eher generell die Entwicklung eines Kindes zu behindern oder zu fördern.

Für die soziale Angststörung spezifisch sind möglicherweise andere Faktoren zentral, wie die eigene soziale Ängstlichkeit der Eltern oder die Angst vor negativer Bewertung des Kindes oder des Jugendlichen (Schreier & Heinrichs, 2010). Hier können Prozesse des Modelllernens relevant sein, indem Kinder oder Jugendliche von den Eltern zurückhaltendes Verhalten in neuen sozialen Situationen lernen (z. B. zeigen sich die Eltern beim Schulfest ebenfalls als schüchtern bzw. gehen vielleicht gar nicht hin). Da Eltern die Ängste ihres Kindes oft gut verstehen, da sie diese von sich selbst kennen, tendieren sie dazu, das Vermeidungsverhalten zu unterstützen oder dem Kind oder dem*der Jugendlichen viel abzunehmen, was wiederum die Angst des Kindes oder Jugendlichen aufrechterhält sowie den Gedanken fördert, dass soziale Umgebungen unberechenbar und gefährlich sind. Neuere Studien beziehen sich zudem auf potentielle Schutzfaktoren, die Eltern darstellen können, indem sie dem Kind oder Jugendlichen Herausforderungen bieten (Bögels & Phares, 2008; Majdandžić et al., 2017). Diese Konzepte beschreiben zum Beispiel das Raufen und Spielen, das eher bei Vätern als bei Müttern gesehen wird (Bögels & Phares, 2008). Diese werden unter Kapitel 3.5 noch einmal genauer beschrieben. Bislang wurden vor allem die Mütter in der Forschung untersucht. Potentiale der Väter sowohl im Sinne von Schutz- wie auch Risikofaktoren im familiären Setting bieten eine vielversprechende Perspektive. Schließlich ist zudem noch offen, inwiefern elterliches und kindliches Verhalten sich gegenseitig beeinflusst und somit das Erziehungsverhalten eine Folge (sowie ggf. ein aufrechterhaltender Faktor) ist und nicht unbedingt primär einen Stellenwert für die Entstehung hat.

3.4.2 Gleichaltrige

Auch Erfahrungen mit Gleichaltrigen zeigen sich als relevant für die Entstehung sozialer Ängste. So beeinflussen negative Erlebnisse wie beispielsweise Bullying-Erfahrungen oder Außenseiterpositionen, wie sich der Schüler selbst sieht („Keiner mag mich", „Alle halten mich für dumm"). Auch die eigenen Handlungskompetenzen leiden unter negativen Erfahrungen mit Gleichaltrigen, sodass beispielsweise der Umgang mit Konflikten nur schwerlich erlernt wird. Der*die Schüler*in zieht sich aus der Gruppe zurück und dadurch bleibt ihm nur noch ein begrenzter Raum, um den Umgang mit Konflikten zu üben. Nicht immer findet sich im Kontakt mit Gleichaltrigen eine sichtbare oder anhaltende Bullying-Situation, oft ist die Beziehungsqualität zu Gleichaltrigen im Vergleich zu anderen Kindern in der Qualität schlechter und in der Anzahl begrenzter, sodass dem Kind oder Jugendlichen die positive Qualität der Beziehung sowie das Ausprobieren in Beziehung fehlen.

Diese negativen Auswirkungen werden begünstigt durch kognitive Prozesse wie die hohen Anforderungen an die eigene Person und daraus resultierend unsicheres Verhalten, das von anderen auch als arrogant und abweisend erlebt wird. Somit werden die Kinder häufig als weniger sozial kompetent und sympathisch erlebt. Eine niederländische Studie konnte beispielsweise zeigen, dass Gleichaltrige die soziale Performanz von hoch sozial ängstlichen Kindern und Jugendlichen in einer Vortragsaufgabe als weniger gut einschätzten als die Performanz nicht ängstlicher Kinder und Jugendlicher (Miers et al., 2010).

3.4.3 Schule

Neben Lernerfahrungen mit Gleichaltrigen, die sowohl außerhalb wie auch innerhalb der Schule stattfinden, zeigen sich in der Schule auch die Erfahrungen mit Lehrkräften innerhalb und außerhalb des Unterrichts als äußerst relevant. Teilweise aufgrund einer über- oder unterfordernden Beschulung oder auch im Zusammenhang mit bereits bestehenden Ängsten geraten Kinder und Jugendliche in der Schule immer wieder in Leistungssituationen unter hohen Druck, der möglicherweise durch Lehrkräfte noch verstärkt wird, wenn sie die Schüler dann noch besonders sozial hervorheben (sowohl positiv „Dein Aufsatz war so gut, den lese ich vor. Daran kann sich die ganze Klasse ein Beispiel nehmen.", wie auch negativ „Deine Antworten in der Chemieklausur waren katastrophal. Das gehen wir noch mal alle zusammen durch."). Viele Kinder und Jugendliche berichten von Situationen, die sie als unangenehme, öffentliche Bewertung erlebten, selbst wenn diese Ereignisse vor mehreren Jahren stattgefunden haben.

Es besteht ein großes Potential zu Konflikten zwischen Lehrkräften und Schüler*innen, wenn Schüler*innen ein bestimmtes Verhalten zeigen, beispielsweise einen Arbeitsauftrag wie ein Referat verweigern. Für die Lehrkraft stellt sich leicht der Eindruck ein, dass der*die Schüler*in sie boykottiert oder nicht respektiert, vielleicht auch, dass er*sie sich nicht anstrengen möchte. Auf Schüler*innenseite kann die Verweigerung jedoch aus einer Vermeidung heraus zu erklären sein, da er*sie große Angst vor dem Halten eines Referats spürt. So entstehen – teilweise sehr langwierige – Konfliktsituationen, die unter anderem basierend auf der Scham des*der Schülers*in, die eigentliche Ursache anzusprechen, nicht aufgelöst werden.

Insgesamt besteht aufgrund fehlender zeitlicher Ressourcen auf Seiten der Lehrkraft oft nicht die Möglichkeit, individuell auf jedes Kind oder jede*n Jugendliche*n einzugehen und diese optimal zu fördern, sodass soziale Ängste bestehen bleiben oder sich verstärken.

Lob

Obgleich viele Lehrkräfte wie auch Psychotherapeut*innen dazu tendieren, bei sozial ängstlichen Kindern und Jugendlichen vermehrt zu loben, wenn diese sich etwas trauen, scheint dies nicht immer hilfreich zu sein. Es stellte sich heraus, dass nicht nur negative Bewertung durch andere, sondern auch positive Bewertung durch andere zu vermehrter Angst führt (z.B. Weeks, Heimberg, Rodebaugh & Norton, 2008). Positive Bewertung entspricht zum einen nicht dem eigenen Erleben in der gefürchteten sozialen Situation und kann zum anderen die Angst auslösen, auch in zukünftigen Situationen erfolgreich sein zu müssen, obwohl weiterhin die eigenen Kompetenzen als nicht ausreichend erlebt werden (Gilbert, 2001).

Merke: Relevanz sozialer Risikofaktoren in der Schule

Die Schule stellt ein großes Umfeld für soziale Lernerfahrungen in der Entstehung und Aufrechterhaltung sozialer Ängste dar. Im Bereich mit Gleichaltrigen sind Bullying- und Ausgrenzungserfahrungen relevant, im Unterricht führen negativ erlebte Bewertungssituationen zur Furcht, sich erneut in diese Situation begeben zu müssen. Auch im Kontakt mit Lehrkräften können soziale Ängste entstehen, wenn diese zum Beispiel durch eigene begrenzte Ressourcen wenig Möglichkeit haben, ein ängstliches Kind entsprechend zu fördern.

3.4.4 Cyberbullying

Von steigender Relevanz zeigt sich in den letzten Jahren Bullying nicht nur in der Schule oder Freizeit, sondern auch auf digitaler Ebene. Das sogenannte Cyberbullying überträgt die aggressive bewusste Ausgrenzung einer Person durch eine Gruppe oder eine andere Person vom analogen Rahmen in den virtuellen Kontext. Dies tritt wiederholt gegen ein Opfer auf, das sich kaum wehren kann. Cyberbullying unterscheidet sich von Bullying im direkten Kontakt, da beispielsweise ein einzelner Akt von Schikane wiederholt aufgerufen und verteilt werden kann, unter anderem auch unabhängig von der Intention des ursprünglichen Senders. Darüber hinaus bietet Cyberbullying Kindern und Jugendlichen die Möglichkeit, Aggressionen ohne den Rahmen erwachsener Überwachung und unabhängig von der Örtlichkeit durchzuführen (Fahy et al., 2015). Cyberbullying hat sich in diversen Studien als Risikofaktor für soziale Ängste gezeigt (z.B. Fahy et al., 2015; İçellioğlu & Özden, 2014; Pabian & Vandebosch, 2016), obwohl auch soziale Ängstlichkeit die Wahrscheinlichkeit erhöht, zum Cyberbullying-Opfer zu werden (Pabian & Vandebosch, 2016). Ein Erklärungsmodell für die Erhöhung sozialer Ängste durch Cyberbullying scheint die Auslösung einer Kaskade von Entwicklung zu sein: Cyberbullying führt dazu, dass auch andere das Opfer ablehnen und nicht mögen. Die Ablehnung führt zum Rückzug aus sozialen Interaktionen, womit die soziale Angst steigt und das Risiko für weiteres Cyberbullying zunimmt (Pabian & Vandebosch, 2016). Auf Forschungsebene wird das Thema bereits aufgegriffen; es gibt beispielsweise ein vielversprechendes Programm, das Cyberbullying und einhergehende soziale Angst reduziert (La Greca et al., 2016).

3.5 Schutzfaktoren und Ressourcen

Nicht alle Kinder und Jugendlichen entwickeln beim Vorliegen obiger Risikofaktoren eine soziale Angststörung. Resilienz (siehe Kasten) beschreibt die Widerstandsfähigkeit einer Person gegenüber belastenden Umständen. Diese ist kein angeborenes Persönlichkeitsmerkmal, sondern kann über die gelungene Bewältigung von Anforderungen und Risiken erworben werden (Hjemdal, 2007; Petermann & Ulrich, 2019).

In den vergangenen Jahren wurden neben Risikofaktoren verstärkt Schutzfaktoren erforscht, welche sowohl Risikofaktoren behindern bzw. ausschalten können als auch direkt gegen die Entwicklung von psychischen Störungen wirken können (Donovan & Spence, 2000). Dabei spricht man bei der Verhinderung einer psychischen Störung von Schutzfaktoren, beim Ausgleich bestehender Symptomatik von Kompensationsfaktoren. Beide Arten von Schutzfaktoren können sowohl im Kind als auch außerhalb des Kindes in der Umgebung liegen.

Im Verhältnis erhalten Schutzfaktoren in der Forschung wesentlich weniger Aufmerksamkeit als Risikofaktoren, sodass im Folgenden insbesondere auf allgemeine Schutzfaktoren eingegangen wird. Im Rahmen von Psychotherapie spielen Schutzfaktoren und Ressourcen von Kindern und Jugendlichen eine entscheidende Rolle und werden in der Praxis in der Regel stark berücksichtigt. Während beide Aspekte den positiven Verlauf der Psychopathologie fördern, sollte begrifflich getrennt werden: Ressourcen umfassen „alle Formen von Potenzialen, die einem Individuum aktuell zur Verfügung stehen und es bei seiner Entwicklung unterstützen", Schutzfaktoren hingegen „bestehen schon vor dem Auftreten von Störungen und werden durch das Auftreten von Risikofaktoren aktiv, indem sie deren Wirkung abmildern oder aufheben" (S. 26; Petermann & Ulrich, 2019). Eine hohe Intelligenz kann somit eine Ressource sein, aber auch zum Schutzfaktor werden, wenn beispielsweise aufgrund eines Umzugs Ängste entstehen, die durch eine Neubewertung als Chance umgedeutet werden.

Resilienz

Resilienz beschreibt ein Gefühl von Selbstwert und Selbstbewusstsein, den Glauben an die eigene Selbstwirksamkeit und die Fähigkeit, mit Veränderung und Anpassung umgehen zu können, sowie ein Repertoire an sozialen Problemlösefertigkeiten (Hjemdal, 2007).

3.5.1 Psychische Faktoren

Bestimmte Persönlichkeitseigenschaften werden mit einer eher positiven Entwicklung in Verbindung gebracht, so z. B. Selbstwirksamkeit, Hoffnung, Ich-Stärke und Problemlösefertigkeiten. Kinder und Jugendliche, die sich durch diese und ähnliche Eigenschaften auszeichnen, gehen aufgeschlossen und positiv in ihre Umwelt und begegnen ihrer Zukunft mit realistischen Plänen (Fuhrer, 2007).

Die Fähigkeit, mit unangenehmen Erfahrungen umgehen zu können, wird im psychologischen Sprachgebrauch als Coping bezeichnet.

Coping

Als Coping werden die bewussten Anstrengungen bezeichnet, persönliche oder zwischenmenschliche Probleme zu lösen, um Stress und Konflikte zu bewältigen, zu minimieren oder zu tolerieren.

In diesen Begriff wird eine Vielzahl von individuellen Möglichkeiten eingeschlossen, welche den Versuch umfassen, mit einer negativen oder aversiven Situation umzugehen. Das Konstrukt liegt nahe der Emotionsregulation, ist jedoch nicht völlig deckungsgleich. Eine Situation kann sowohl problem- als auch emotionsfokussiert aufgegriffen werden. Darüber hinaus besteht die Möglichkeit, die Situation zu vermeiden. Problemfokussiertes Coping zielt darauf ab, das Problem selbst zu minimieren oder zu verändern, indem man sich beispielsweise selbst gut zuredet oder notwendige Informationen ersucht. Emotionsfokussiertes Coping zielt auf die ausgelöste Emotion bzw. das Stresserleben durch die unangenehme Situation ab und versucht, diese zu verändern. Vermeidung bezeichnet den Versuch, der Situation zu entkommen (Donovan & Spence, 2000). Erste Forschungsergebnisse deuten darauf hin, dass im Kindes- und Jugendalter sowohl emotionsfokussiertes als auch vermeidendes Coping eher mit höherer Angst einhergehen, während problemfokussiertes Coping potentiell einen Schutzfaktor darstellt.

3.5.2 Soziale Unterstützung

Im Falle von negativen, traumatischen oder unangenehmen Erfahrungen kann soziale Unterstützung das Risiko einer psychischen Störung reduzieren. Soziale Unterstützung beinhaltet das Erwarten und Erhalten von Hilfestellungen durch das soziale Umfeld. Zum Beispiel Lehrkräfte, Nachbar*innen oder Freund*innen können bei der Bewältigung von belastenden Situationen hilfreich sein. Für Kinder und Jugendliche ist vor allem die familiäre soziale Unterstützung von Bedeutung. Verschiedene Studien beschreiben, dass vermehrte soziale Unterstützung mit geringeren Angstberichten von Kindern und Jugendlichen zusammenhängt (Donovan & Spence, 2000).

Neben sozialer Unterstützung zählen auch frühe Beziehungserfahrungen in der Familie zu entscheidenden Grundlagen der Bewältigung altersspezifischer Entwicklungsaufgaben (Petermann & Ulrich, 2019). Für die Eltern-Kind-Beziehung ist emotionale Wärme und Unterstützung, gepaart mit flexiblen Grenzen und Förderung von Autonomie, entscheidend. Weitere positive Beziehungen zu anderen Personen im sozialen Umfeld, beispielsweise ein stabiles Netzwerk von Verwandten, Freund*innen und Nachbar*innen, unterstützen dann wiederum die kindbezogenen Ressourcen. Somit spielen neben der Familie andere, nahe Bezugspersonen eine entscheidende Rolle. Dies können Nachbar*innen, Peers, Lehrkräften, Trainer*innen oder andere Personen sein, die in Krisensituationen eine unterstützende Rolle einnehmen. Entscheidend ist, dass diese Art von Unterstützung nicht außergewöhnlich umfassend oder intensiv sein muss, sondern in dem Rahmen stattfindet, der in einer gewöhnlichen, fördernden Umgebung zu finden ist. Resiliente und somit starke Jugendliche konnten laut einer Untersuchung (Fuhrer, 2007) beispielsweise jederzeit zumindest eine Person im Familienumfeld nennen, die sie achten. Zu dieser Person besteht eine stabile positive emotionale Beziehung; sie tröstet geduldig, vertritt konsequent glaubwürdige Werte und leistet stets Hilfe zur Selbsthilfe. Interessanterweise ist nicht nur die tatsächliche soziale Unterstützung, sondern bereits die wahrgenommene soziale Unterstützung entscheidend in der Vorhersage eines niedrigeren Angstberichts von Kindern und Jugendlichen (Donovan & Spence, 2000). Somit spielen in den Aspekt der sozialen Unterstützung auch psychische Faktoren hinein, da Kinder und Jugendliche sich in der Einschätzung von scheinbar objektiv ähnlicher sozialer Unterstützung durchaus unterscheiden können.

3.5.3 Positive Lernerfahrungen

Lernen ist ein zentraler Prozess der Weiterentwicklung, der sowohl positive als auch negative Folgen mit sich bringen kann. Nicht nur bei Kindern und Jugendlichen, sondern auch bei Erwachsenen finden ständig Lernprozesse statt. Einen der zentralen Lernmechanismen stellt das sogenannte Lernen durch Beobachtung dar. Eltern von ängstlichen Kindern agieren beispielsweise oft ebenfalls ängstlich in sozialen Situationen (beispielsweise spricht die Mutter auf dem Spielplatz nur ungern mit anderen Eltern). Ähnlich können Kinder von ihren Eltern lernen, gewisse Risiken einzugehen und mit Konsequenzen umzugehen. Darüber hinaus können Eltern durch ihr eigenes Verhalten Optionen für ihre Kinder schaffen, Herausforderungen anzugehen, indem beispielsweise die Eltern das Kind beim Bäcker selbstständig Brot bestellen und bezahlen lassen. Diese zunächst etwas herausfordernde Situation für ein sozial ängstliches Kind stärkt durch das Erleben von Kompetenz („Es war schwierig, ich habe mich aber getraut und es geschafft.") die Selbstwirksamkeit und den Selbstwert und reduziert somit Ängste. Die Eltern bieten somit zum einen eine stabile Umgebung (siehe Kapitel 3.5.2) und zum anderen die Möglichkeit, von und mit ihnen zu lernen.

Weniger bekannt sind protektive Faktoren aus der Gruppe der Gleichaltrigen: Es deutet sich in Studien mit Kindern und Jugendlichen an, dass Verbindungen zu Gleichaltrigen, positive Erfahrungen aus engen Freundschaften sowie intime Beziehungen im Jugendalter gegen Gefühle von sozialer Angst schützen können (La Greca & Harrison, 2005). Dabei ist weniger die Beziehung selbst als die wahrgenommene Qualität der engen Bindungen relevant (Van Zalk & Zalk, 2014). Das heißt, dass weniger die objektive Qualität der Beziehung (wie häufig trifft man sich, was erzählt man sich etc.) als die subjektive Qualität der Beziehung (wie verbunden fühle ich mich etc.) von Relevanz ist.

Merke: Schutzfaktoren und Kompensationsfaktoren

Neben Risikofaktoren bestehen eine Vielzahl von Schutzfaktoren und Ressourcen sowohl individuell wie auch sozial, welche eine Entwicklung hin zu einer sozialen Angststörung verhindern können. Als Lehrkraft ist es somit sinnvoll, auch auf diese zu schauen und beispielsweise einen positiven Umgang unter den Schüler*innen zu fördern. Auch kleinere Herausforderungen wie das Halten eines kurzen Vortrags mit einem kurzen positiven Feedback für eher sozial ängstliche Schüler*innen können hilfreich sein, um an dieser Herausforderung zu wachsen und somit die Ressourcen des*der Schülers*Schülerin zu stärken.

3.6 Zusammenfassende Betrachtung der Entstehung und Aufrechterhaltung

Wie unter Kapitel 3.1 genannt, spielen alle in diesem Kapitel beschriebenen Faktoren mehr oder weniger in die Entstehung und Aufrechterhaltung sozialer Ängste hinein. Viele Faktoren bedingen sich gegenseitig, wenn z. B. ein schüchternes Temperament zu Zurückhaltung in sozialen Situationen führt, die Gleichaltrigen dieses Kind oder diese*n Jugendliche*n dann ablehnen und so keine soziale Kompetenz aufgebaut werden kann. In jedem Fall ist es notwendig, individuell jeden Faktor zu prüfen und einzuschätzen, wie relevant dieser für das jeweilige Kind oder den Jugendlichen ist. Dabei ist zu beachten, dass manche Faktoren im Vergleich leichter änderbar sind (z. B. positive Lernerfahrungen schaffen) als andere (z. B. verhaltensinhibiertes Temperament verändern).

3.6.1 Wie kommt es zu einer sozialen Angststörung?

Neben den genannten Risikofaktoren bilden die Schutzfaktoren und gegebenenfalls Kompensationsfaktoren ein Gegengewicht und können so die Ausprägung der sozialen Angst verringern (siehe Modell in Abbildung 4). Die Ressourcen eines Kindes können diesem helfen, Belastungen besser zu bewältigen. Sind diese Anforderungen und Belastungen jedoch größer als die Ressourcen, ergeben sich verschiedene Szenarien: Bei einem kurzfristigen oder gering ausgeprägten Ungleichgewicht (beispielsweise Umzug innerhalb einer Stadt oder Konflikte mit einem anderen Kind in der Klasse), hat das Kind oder der*die Jugendliche die Möglichkeit, dieses Ungleichgewicht mit mehr Anstrengung auszugleichen. Die Bewältigung einer Herausforderung kann zudem die weitere Entwicklung von Ressourcen fördern und sich somit positiv auf die Entwicklung auswirken. Eine große Diskrepanz von Belastungen und Ressourcen (beispielsweise eine anhaltende Bullying-Situation, wiederholte negative Erfahrungen im Schulunterricht) kann die Entwicklung einer Störung begünstigen. Insbesondere eine langfristige Belastung übersteigt bei vielen Kindern und Jugendlichen schlussendlich die zur Verfügung stehenden Ressourcen.

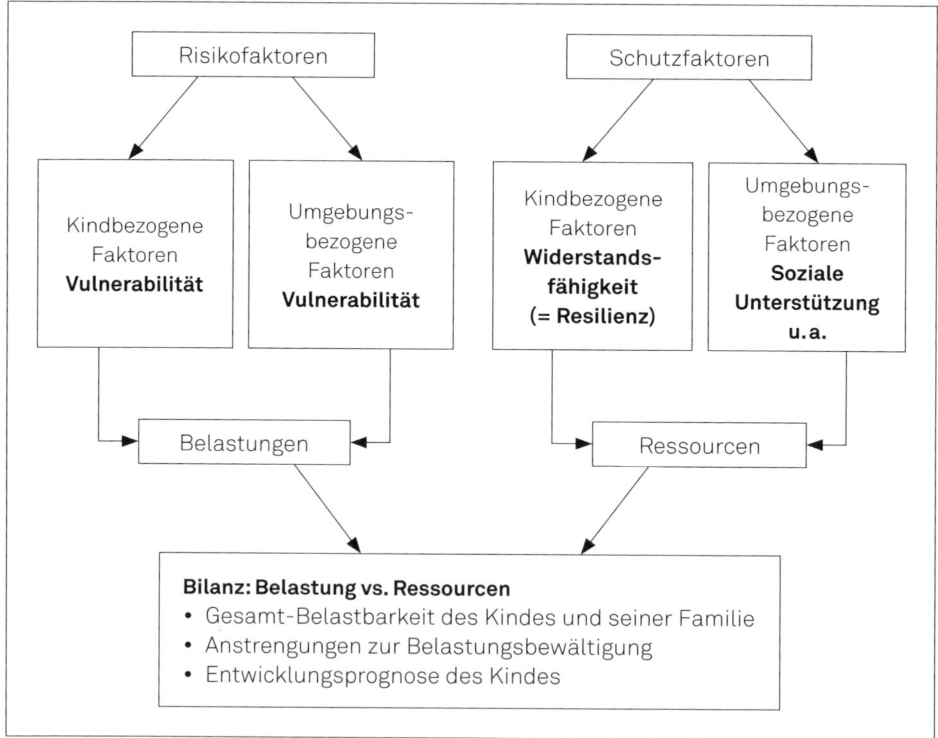

Abbildung 4: Risiko- und Schutzfaktoren der kindlichen Entwicklung (nach Petermann, 1997, S. 3)

In dieses Balance-Modell spielen erneut alle biologischen, psychischen und sozialen Risikofaktoren hinein, sodass dieses als biopsychosoziales Modell gelten kann.

3.6.2 Modellerklärung der Entwicklung der sozialen Ängste in den Fallbeispielen

Zur praxisnahen Vertiefung werden im Folgenden die Fallbeispiele mit einer klinisch relevanten sozialen Angststörung in Verbindung zu einem biopsychosozialen Modell gebracht.

Bezug zum Fallbeispiel Jonas

Jonas zeigte sich schon in der frühen Kindheit eher als ängstlich und vorsichtig, insbesondere im Kontakt mit neuen Situationen wie der Eingewöhnung in der Kita (Biologische Faktoren: Temperament). Zudem berichtet auch der Vater, als Kind sehr ängstlich und zurückhaltend gewesen zu sein (Biologische Faktoren: Genetik). Jonas hat hohe Ansprüche an sich selbst, denen er genügen möchte. Er berichtet, dass er in sozialen Situationen die Sorge habe, sich zu blamieren, also eine negative Bewertung durch die anderen zu erfahren (Psychische Faktoren: Kognition). Außerdem gehe er Konflikten aus dem Weg, sodass er nicht für sich selbst einstehen könne (Psychische Faktoren: Soziale Kompetenz). Die Mutter berichtet, dass ihr die Trennungssituation und Jonas Probleme mit dieser ebenfalls schwergefallen sei. Es ist somit möglich, dass die Mutter ein eher überprotektives Verhalten an den Tag legte (Soziale Faktoren: Lernerfahrungen Eltern). Es werden keine Konflikte oder Auffälligkeiten mit Gleichaltrigen berichtet (Soziale Faktoren: Lernerfahrungen Gleichaltrige), jedoch störe er den Unterricht, sodass davon auszugehen ist, dass Jonas hin und wieder eine negative Rückmeldung durch die Lehrkräfte erfährt (Soziale Faktoren: Schule).

Für Jonas wird deutlich, dass einzelne Faktoren stärker ausgeprägt sind (z. B. biologische) als andere (z. B. Lernerfahrungen mit Gleichaltrigen). Dies entspricht der eingangs erwähnten Tatsache, dass je nach Kind verschiedene Risikofaktoren mehr oder minder relevant sind.

Bezug zum Fallbeispiel Lena

Wenngleich einzelne Punkte für ein eher zurückhaltendes Temperament bei Lena sprechen (z. B. von Anfang an schüchtern in der Schule), zeigen sich bei Lena in der frühen Kindheit noch keine derartigen Auffälligkeiten (Biologische Faktoren: Temperament). Die Mutter berichtet jedoch Parallelen zwischen ihrem eigenen Bruder, Lenas Onkel, und Lena, sodass ein geringer Anteil an Vererbung angenommen werden kann (Biologische Faktoren: Genetik).

> Lena berichtet ebenso wie Jonas die Sorge, dass andere Kinder sie auslachen könnten (Psychische Faktoren: Kognition). Da Lenas Schwester ihr viele Aufgaben im Alltag abnimmt, wäre zu eruieren, ob Lena die soziale Kompetenz hätte, diese Aufgaben selbst zu erledigen, oder ob sie es sich aufgrund einer verzerrten Wahrnehmung ihrer eigenen Fähigkeiten nicht zutraut (Psychische Faktoren: Soziale Kompetenz). In der Familie gibt es immer wieder Spannungen, die sowohl Lena als auch die Eltern belasten. Zudem reagieren die Eltern teilweise verärgert auf Lenas ängstliches Verhalten (Soziale Faktoren: Lernerfahrungen Eltern), wenngleich die Schwester eher protektiv auftritt. Eine vergangene Bullying Situation in der fünften Klasse wird als auslösend bzw. verstärkend für die sozialen Ängste geschildert (Soziale Faktoren: Lernerfahrungen Gleichaltrige). Aufgrund des Wunsches nach Rücksprache der Lehrkräfte mit den Eltern bezüglich der fehlenden Beteiligung im Unterricht ist davon auszugehen, dass in der Schulsituation im Unterricht ebenfalls Spannungen auftreten (Soziale Faktoren: Schule).

Oft schildern ältere Jugendliche verstärkt Symptome aus dem Spektrum der psychischen und sozialen Faktoren, während biologische Faktoren etwas in den Hintergrund treten und eher allgemein geschildert werden („Ich war schon immer etwas ängstlich und schüchtern.“). Dies entspricht auch dem Vergleich des 8-jährigen Jonas mit der 14-jährigen Lena, die sich sowohl in der Entwicklung der sozialen Angst wie auch in der aktuellen Beschreibung durchaus unterscheiden.

4 Folgen

Studien zeigen wiederholt, dass die soziale Angststörung in den überwiegenden Fällen einen chronischen Verlauf nimmt und mit weiteren Störungen wie anderen Angststörungen, Depressionen und Substanzmittelmissbrauch, das heißt vermehrtem Alkohol- und Drogenkonsum, assoziiert ist. Im Schulkontext sind als Folgen insbesondere eine inadäquate Beschulung (z. B. niedrigeres Schulniveau aufgrund massiver Ängste trotz hoher Leistungsfähigkeit), Bullying-Phänomene als Ursache und Folge sowie sozialer Rückzug zu nennen. Im Folgenden werden die Folgen von sozialen Ängsten als Hindernis eines normativen Entwicklungsverlaufes mit Fokus auf den Schulkontext dargestellt.

4.1 Normativer[2] Entwicklungsverlauf

Wie in Kapitel 2 (Phänomene und definitorische Festlegungen) bereits dargestellt, finden sich auch im normativen Entwicklungsverlauf von Kindheit und Jugend steigende soziale Ängste, welche im Jugendalter ihren Höhepunkt erreichen und sich unter anderem über die Entwicklungsaufgaben in dieser Zeit erklären. Das Konzept der Entwicklungsaufgaben wird als zentral für das Verständnis erfolgreicher Entwicklung verstanden (Havighurst, 1948) und erstreckt sich über die gesamte Lebensspanne. Eine gelingende Entwicklung hängt somit von der Bewältigung bestimmter Aufgaben ab, die das Individuum wiederum stärken, die nächste Aufgabe zu meistern. So ist beispielsweise die Entwicklung von grundlegenden sozialen Kompetenzen im Kindesalter eine wichtige Voraussetzung dafür, auf andere Kinder und später Jugendliche zu gehen, mit diesen in Kontakt zu kommen und außerfamiliäre Beziehungen aufbauen zu können.

Entwicklungsaufgaben sind zum einen biologisch bedingt, da die Jugendlichen beispielsweise die körperlichen Veränderungen in der Pubertät annehmen müssen. Zugleich bringen diese Veränderungen auch eine veränderte Reaktion der Umwelt mit sich. Darüber hinaus finden sich soziokulturelle Aufgaben, die durch

---

2 „normativ" bezieht sich in der Psychologie bzw. in diesem Falle auf die reguläre Entwicklung. Das heißt, dass in der Regel von diesem Prozess auszugehen ist.

die Gesellschaft geprägt sind, wie die Anpassung an den Schulunterricht im Kindesalter oder die zunehmende Selbstständigkeit im Jugendalter. Abschließend werden Entwicklungsaufgaben durch eigene Ziele und Werte geprägt, wie beispielsweise der Wunsch nach Anschluss an eine Gleichaltrigengruppe. Während die erfolgreiche Bewältigung einer Entwicklungsaufgabe zu Zufriedenheit und Stolz führt, bringt der Misserfolg Unzufriedenheit und wachsenden sozialen Druck mit sich. Die Relevanz dieser Aufgabenerfüllung spiegelt sich in der Forschung wider: persönliche und soziale Ressourcen werden als förderlich zur Überwindung der Aufgaben angesehen (vgl. Fend, 2005). Darüber hinaus erhöht die Bewältigung einer Entwicklungsaufgabe wiederum die Ressourcen und Potenziale (siehe auch Abbildung 5).

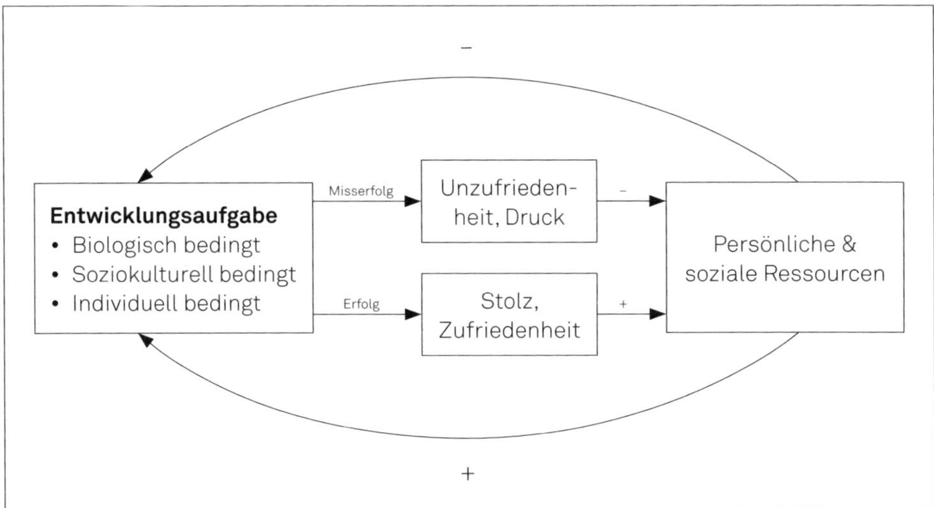

Abbildung 5: Interaktion aus Bewältigung von Entwicklungsaufgaben und Ressourcen

Entscheidend ist schließlich auch, dass sich die Erfüllung einer Entwicklungsaufgabe in einem Bereich, wie beispielsweise das Schließen von Freundschaften in der Grundschule, auch auf andere Bereiche auswirkt, beispielsweise auf erste Schritte, sich von den Eltern zu lösen und ohne diese gut zurecht zu kommen. Bewältigung bedeutet dabei schließlich nicht unbedingt ein vollständiges Abschließen einer Entwicklungsaufgabe, da beispielsweise auch im Erwachsenenalter das Thema soziale Kompetenz wieder relevant werden kann. Vielmehr beinhaltet die Bewältigung ein momentanes Meistern einer Entwicklungsaufgabe und das Wachsen von Ressourcen. Im Folgenden werden die Entwicklungsaufgaben in Kindheit und Jugend näher beschrieben (angelehnt an Masten et al., 2006).

4.1.1 Entwicklungsaufgaben im Kindergarten- und Vorschulalter

Mit dem Eintritt in den Kindergarten werden Kinder mit Herausforderungen und Chancen für ihre Entwicklung konfrontiert. Es gilt, Kontakte zu anderen Kindern aufzunehmen sowie Beziehungen zu Erwachsenen außer den Eltern aufzubauen. Durch das Gruppengefüge ergibt sich die Notwendigkeit, eigene Bedürfnisse zu formulieren, diese aber zeitweise hinter den Bedürfnissen anderer Kinder anzustellen.

Obgleich Kinder mit Eintritt in den Kindergarten im Alter von 3 Jahren in der Regel bereits über einen großen Wortschatz verfügen, ist dennoch die *Sprachentwicklung* eine weiterhin bestehende wichtige Aufgabe. Erst im Alter von 5 Jahren ist davon auszugehen, dass die Sprachentwicklung abgeschlossen ist. Die Sprachkompetenz bzw. generell Kommunikationsfähigkeit ist unter anderem eine notwendige Voraussetzung dafür, sich in die *Gleichaltrigengruppe sozial zu integrieren,* erste Freundschaften aufzubauen, sich aber auch zur Wehr setzen zu können. Diese Fähigkeiten sind zentral für den Aufbau von sozialer Kompetenz (vgl. Kapitel 3) und stärken das Selbstbewusstsein in sozialen Situationen. Somit kann vom Aufbau eines Schutzfaktors für soziale Ängste ausgegangen werden. Zugleich ist die Sprache von unschätzbarem Wert für den Ausdruck eigener Emotionen und des eigenen Erlebens. Das Wahrnehmen des eigenen Befindens liefert dann die Grundlage zur *verbesserten Selbstregulation und Frustrationstoleranz.* Auch eine funktionierende Selbstregulation kann als allgemeiner Schutzfaktor für die psychische Befindlichkeit und somit im Speziellen für soziale Ängste betrachtet werden. Es gilt darüber hinaus für die Kinder, *Normen, Grenzen und Regeln akzeptieren und einhalten* zu können – möglichst auch ohne eine Kontrollinstanz wie Erzieherinnen oder Eltern. Darüber hinaus ist die zunehmende *Selbstständigkeit in Alltagsanforderungen* (z. B. sich alleine anziehen können, alleine übernachten können) eine wichtige Aufgabe für Kinder im Kindergarten- und Vorschulalter sowie zugleich eine Quelle der Selbstwirksamkeit, indem sich die Kinder kompetent fühlen. Eine der Hauptaufgaben von jüngeren Kindern ist abschließend eine *intensive Fantasie- und Spieltätigkeit,* da in dieser all die vorangegangenen Punkte wie selbstverständlich geübt werden: Beispielsweise werden im Rollenspiel soziale Regeln geübt, auftretende Emotionen und Frustrationen müssen reguliert werden.

Im Kindergarten- und Vorschulalter wird somit eine allgemeine Grundlage für das psychische Wohlbefinden gelegt, indem Selbstwert, soziale Kompetenzen im Umgang in Gruppen und eine funktionierende Selbstregulation aufgebaut werden. Bezüglich sozialer Ängste im Speziellen ist insbesondere der Kontakt zu anderen als Möglichkeit, neue Situationen zu erleben und sich auszuprobieren, zu nennen. Soziale Ängste können somit potentiell auch die Bewältigung der Entwicklungsaufgaben hemmen, wenn Kinder sich langfristig nicht trauen, in Gruppen auf andere Kinder zuzugehen.

Die erfolgreiche Bewältigung dieser Aufgaben liefert schließlich die Grundlage für die anstehenden Aufgaben im Schulalter.

4.1.2 Entwicklungsaufgaben im frühen Schulalter

Mit dem Eintritt in die Schule treten noch stärker *allgemeine Verhaltensregeln* in den Vordergrund, sei es zu Hause, in der Schule oder in der Öffentlichkeit. Hier gilt es für die Kinder, ihr Verhalten anzupassen und beispielsweise in der Schule in den Schulstunden still zu sitzen, während in der Freizeit zuhause das Toben erlaubt ist. Somit ist es eine zentrale Aufgabe, *in der Schule angemessenes Verhalten* zu zeigen. Darüber hinaus besteht eine Hauptaufgabe darin, *elementare Kulturtechniken* wie Lesen, Schreiben und Rechnen zu erwerben. Auch sozial erwächst aus den anfänglichen ersten Kontakten im Kindergarten- und Vorschulalter die Erwartung, *mit gleichaltrigen Kindern in der Schule generell zurecht zu kommen* sowie auch erste tiefere *Freundschaften mit Gleichaltrigen* zu schließen.

Ähnlich zum Kindergarten- und Vorschulalter wird auch im frühen Schulalter eine allgemeine Grundlage für ein Kompetenzerleben geschaffen, obgleich soziale Situationen, soziale Kompetenz und soziale Schwierigkeiten vermehrt Raum einnehmen. Soziale Ängste können an dieser Stelle erneut den Aufbau von Verbindungen zu gleichaltrigen Kindern hemmen. Zudem können soziale Ängste zu Schwierigkeiten im Erwerb der Kulturtechniken führen, da diese gemeinsam eingeübt werden und bei den Kindern oft die Sorge besteht, dass sie sich vor den anderen Kindern blamieren könnten.

Die soziale Komponente von Entwicklungsaufgaben nimmt schließlich im Jugendalter einen noch größeren Stellenwert ein.

4.1.3 Entwicklungsaufgaben im Jugendalter

Die Entwicklungsaufgaben im Jugendalter erreichen einen höheren Komplexitätsgrad. Es gilt nun nicht mehr nur, sich in soziale Gruppen zu integrieren, sondern generell *kognitive und soziale Kompetenz* zu entwickeln. Zu dieser gehört auch die *Entwicklung eines Werte- und Normensystems* sowie eines *moralischen und positiven Bewusstseins*. Auch individuelle Anforderungen nehmen zu, indem ein *inneres Bild von Geschlechtszugehörigkeit und -identität* sowie auch eine *Zukunftsperspektive* zu entwickeln ist. Mit zunehmender *Selbstständigkeit, Ablösung und Autonomie von den Eltern* ist es notwendig, eine eigene Haltung zu entwickeln, beispielsweise auch im Sinne von *selbstständigen Handlungsmustern zur Nutzung des Konsumwarenmarktes*.

Es gilt für Jugendliche, sich aus dem Elternhaus hinaus in die Gleichaltrigenwelt und Gesellschaft allgemein zu bewegen. Aufgrund der komplexen und weitreichenden Anforderungen, die einen ständigen Abgleich zwischen beispielsweise individuellen Erwartungen und sozialen Normen erfordern, ist es nicht verwunderlich, dass soziale Ängste ihren Höhepunkt erreichen. Mit erfolgreicher Bewältigung dieser Entwicklungsaufgaben – wenngleich diese natürlich auch noch im Erwachsenenalter immer wieder thematisiert werden können – nehmen soziale Ängste im Erwachsenenalter dann wieder ab.

Soziale Ängste treten somit normativ im Jugendalter auf, bergen jedoch zugleich das Potenzial, dass diese bei starker Intensität die Entwicklungsaufgaben entscheidend hemmen: So wird eine Ablösung von den Eltern erschwert, wenn soziale Ängste den Aufbau von Beziehungen zu Gleichaltrigen hemmen. Erste intime Beziehungen erfordern ebenfalls soziale Kompetenz und Mut, sich auf eine Situation einzulassen, in der potenziell Ablehnung erfolgt. Starke soziale Ängste schränken somit diese Entwicklungsaufgaben enorm ein.

4.2 Klinische Folgen der sozialen Angststörung

Werden erwachsene Patient*innen mit einer sozialen Angststörung befragt, seit wann sie derartige Ängste von sich kennen, berichten 80 % dieser Patient*innen, bereits als Jugendliche unter gravierenden sozialen Ängsten gelitten zu haben (Wittchen et al., 1999). Viele Patient*innen leiden jahrelang unter starken sozialen Ängsten, sodass im klinischen Sinne von einer Chronifizierung gesprochen werden kann. Diese Chronifizierung bringt neben dem persönlichen Leidensdruck durch die Symptomatik für betroffene Patient*innen auch weitreichende Folgen in anderen Lebensbereichen mit sich. So werden enge, persönliche Beziehungen erschwert bis unmöglich, akademisch wie beruflich stellt sich ein geringerer Erfolg ein und gesundheitlich erhöht sich sowohl das Risiko für weitere psychische als auch für körperliche Erkrankungen.

4.3 Schulische Folgen sozialer Angst und der sozialen Angststörung

Ein erhöhtes Maß an sozialer Angst sowie schlussendlich die soziale Angststörung führen neben klinischen Folgen auch zu mehr oder weniger starken Auswirkungen im schulischen Alltag. Im Folgenden wird zwischen leistungsbezogenen und sozialen Folgen getrennt.

4.3.1 Leistungsbezogene Folgen

Bezüglich der schulischen Leistung ist es wichtig, die Ursachen der sozialen Ängste und der sozialen Angststörung passend einzuordnen (vgl. Kapitel 5 Diagnostik), da soziale Ängste, die auf einem Leistungsdefizit und einer schulischen Überforderung basieren andere Folgen mit sich bringen als soziale Ängste ohne vorangegangene Leistungsdefizite. Kurz, die Richtung der Symptome ist zu klären: Treten zunächst Leistungsdefizite und daran anschließend soziale Ängste auf, sind die Leistungsdefizite bei der Behandlung in den Fokus zu setzen. Treten jedoch erst soziale Ängste und in der Folge Leistungsdefizite auf (z.B. durch fehlende Mitarbeit), ist eine Veränderung der sozialen Ängste zentral.

Kinder und Jugendliche mit starken sozialen Ängsten oder sozialer Angststörung bleiben häufig – langfristig betrachtet – unter ihren Möglichkeiten: So ist eine erfolgreiche Schullaufbahn oftmals mit höheren Anforderungen z.B. an Vorträge sowie einem erhöhten Leistungsdruck verbunden. Auch wenn die Möglichkeit durch vorhandene (leistungsbezogene) Kompetenzen besteht, dass ein Kind oder ein*e Jugendliche*r die Schule sehr erfolgreich abschließt, werden die Leistungen schlechter beurteilt, da weniger mündliche Mitarbeit stattfindet, Prüfungen vermieden werden etc. Somit kann dann beispielsweise keine Gymnasialempfehlung ausgesprochen werden. Schließlich ist auch nicht auszuschließen, dass eine Schulform mit niedrigeren Ansprüchen gewählt wird, um künftige Ansprüche zu vermeiden. Dies hat somit natürlich auch langfristig Folgen, wenn durch einen weniger hohen Schulabschluss bestimmte Berufswege nicht eingeschlagen werden können.

Neben den formalen Voraussetzungen für eine erfolgreiche Schullaufbahn sind häufig insgesamt schlechtere Noten zu verzeichnen, da eine gute schriftliche Leistung durch die fehlende mündliche Leistung im Mittel verringert wird. Auch Lehrer*innen bewerten dabei die Kinder und Jugendlichen mit hohen sozialen Ängsten als schlechter in ihrer Leistung als nichtängstliche Kinder (Weeks et al., 2009). Offen ist dabei, ob dies auf einem tatsächlichen Defizit beruht oder darauf, dass die Kinder ihr Potential nicht ausschöpfen können. Ebenso wäre denkbar, dass Lehrer*innen eine Idee haben, wie sich ein*e „gute*r“ Schüler*in zu verhalten habe. Sozial ängstliche Kinder und Jugendliche könnten dann Charakteristika zeigen, welche nicht in dieses Schema passen. Dies wird beispielsweise von einer Studie unterstützt, in welcher Grundschullehrer*innen schüchterne Kinder in hypothetischen Fallvignetten als weniger intelligent, mit weniger akademischen Fertigkeiten und mehr Lernschwierigkeiten ausgerüstet wahrnahmen als weniger schüchterne Kinder (Coplan et al., 2011). Auf der anderen Seite nehmen Lehrer*innen sozial ängstliche Kinder und Jugendliche – gerade in jüngerem Alter – oft nicht unbedingt als ängstlicher wahr als andere Kinder; somit widersprechen sich die Angaben des Kindes und des Lehrers bezüglich der Ängstlichkeit (Weeks et al., 2009).

Cave Nachteilsausgleich

Teilweise entsteht auf Seite der Schüler*innen, der Familien oder auch auf schulischer Seite der Wunsch nach einem Nachteilsausgleich für Kinder und Jugendliche mit erhöhten sozialen Ängsten bzw. einer sozialen Angststörung. Dieser habe zum Ziel, den durch die Störung verursachten Nachteil auszugleichen, indem z. B. die mündliche Leistung nicht oder weniger in der Note berücksichtig wird. Diese Argumentation ist für den Moment richtig, da das Kind oder der*die Jugendliche aktuell nicht in der Lage ist, eine bessere, mündliche Leistung zu erzielen. Langfristig hat dies jedoch negative Folgen, da mit einem Nachteilsausgleich eine positive Konsequenz eintritt, die das Verhalten weiterhin bestärkt. Mit anderen Worten, es gibt für das vielleicht ehrgeizige Kind oder den*die Jugendliche einen Grund weniger, gegen die soziale Angst anzugehen, wenn der Nachteil durch die fehlende mündliche Leistung wegfällt. Es sollte somit eher geprüft werden, ob dies eine kurzfristige bzw. einmalige Lösung sein kann, wenn z. B. das Klassenziel nicht erreicht werden sollte. Mittel- und langfristig sollte immer im Fokus stehen, zumindest eine gewisse mündliche Leistung zu erbringen.

4.3.2 Soziale Folgen

Bereits bei jüngeren Kindern im Alter von 7 bis 8 Jahren zeigen sich negative Auswirkungen von sozialer Angst: So berichten diese, sich einsamer zu fühlen, weniger beliebt zu sein und größere Schwierigkeiten zu haben Freundschaften zu knüpfen als Kinder ohne diese Ängste (Weeks et al., 2009). Sie haben weniger Freude an der Schule und wollen diese nicht nur aus Angst vor Bewertung der Leistung vermeiden. Dabei spielen teilweise tatsächliche negative Interaktionssituationen wie Bullying eine Rolle. Oft hinterlässt die Interaktion mit einem sozial ängstlichen Kind oder Jugendlichen beim Interaktionspartner jedoch einfach eine Wahrnehmung davon, dass die Interaktion weniger positiv und koordiniert läuft als mit einem nicht ängstlichen Interaktionspartner (Heerey & Kring, 2007). Dies kann beispielsweise darauf basieren, dass Menschen mit hoher sozialer Angst weniger Blickkontakt suchen, weniger Reziprozität zeigen (beispielsweise Lächeln) und mehr Rückversicherungsverhalten suchen. Dies wird dann für den*die Interaktionspartner*in auffällig und anstrengender als in einer Interaktion mit einem nicht ängstlichen Menschen.

Sonderfall Cyberbullying

Wie in Kapitel 3 bereits ausgeführt, ist Bullying sowohl eine mögliche Ursache wie auch Folge von sozialer Ängstlichkeit (Pabian & Vandebosch, 2016): Mit

(Cyber-)Bullying erhöht sich die Wahrscheinlichkeit, dass auch andere das Opfer ablehnen und nicht mögen. Dies führt wiederum zu einer Erhöhung der sozialen Ängstlichkeit. Mit dem Rückzug und potentiell unsicherem Verhalten steigt dann wiederum die Wahrscheinlichkeit, zum (Cyber-)Bullying Opfer zu werden.

Bezug zum Fallbeispiel Jonas

Auf der Leistungsebene finden sich bei Jonas bislang keine negativen Folgen, da er scheinbar aktuell noch gut im Unterricht mitkommt. Dennoch werden diese mit einer gewissen Wahrscheinlichkeit noch auftreten, da mit der weiterführenden Schule meist die Anforderungen an die mündliche Mitarbeit und an das Halten von Referaten steigen.

Jonas hat in der Schule insbesondere mit den sozialen Folgen seiner Ängste zu kämpfen, da ihn dort einige Schüler*innen – wenn auch nicht die Mehrheit – mit seiner Angst aufziehen. Diese Hänseleien führen dazu, dass Jonas auf sich selbst und die Kinder sauer wird und teilweise sogar zuschlägt. Dies hat anschließend natürlich weitere negative Konsequenzen, da im Anschluss Ärger mit den Lehrkräften sowie den Eltern bevorsteht. Jonas selbst erlebt sich als hilflos im Umgang mit sich selbst sowie mit den anderen Kindern. Auf Ebene der Entwicklungsaufgaben erlebt Jonas vor allem Schwierigkeiten darin, mit anderen Gleichaltrigen zurecht zu kommen und sich im Regelsystem der Schule einzufinden.

Bezug zum Fallbeispiel Lena

Akut droht bei Lena die Gefahr, das Klassenziel nicht zu erreichen, da sie aufgrund ihrer Ängste häufig fehlt. Aufgrund der Leistungen in der Grundschule wäre zu erwarten gewesen, dass sie die Anforderungen in der Realschule sehr gut hätte meistern können. Die vielen Fehlzeiten führen jedoch zum einen dazu, dass der notwendige Schulbesuch nicht stattfindet, sowie zum anderen dazu, dass Lena mit dem Schulstoff nicht mehr zurechtkommt. Langfristig scheint somit die Gefahr zu bestehen, dass Lena ihren Schulabschluss entweder nicht oder weit unter ihrem eigentlichen Leistungsniveau besteht.

Sozial zieht sich Lena bereits seit einer Bullying-Situation auf der weiterführenden Schule sehr stark zurück und berichtet aktuell nicht mehr von Freund*innen. In Rückbezug auf die Entwicklungsaufgaben scheint Lena somit zum einen soziale Kompetenzen nicht entsprechend aufgebaut zu haben und ist zum anderen aktuell sehr stark gefährdet, die anstehenden Entwicklungsaufgaben im Jugendalter – von Loslösung hin bis zur Integration in die Gleichaltrigengruppe – nicht bewältigen zu können.

Bezug zum Fallbeispiel Marissa

In Marissas Fall zeigt sich insbesondere bei Betrachtung möglicher Folgen der Symptomatik, dass diese bei ihr nicht klinisch relevant ausgeprägt ist. Aktuell besteht bei Marissa weder bezüglich ihrer Leistung noch bezüglich ihrer sozialen Integration Sorge zu langfristigen negativen Folgen. Marissa scheint eher zögerlich an die Bewältigung von Entwicklungsaufgaben heranzutreten, diese dann aber gut zu meistern.

4.4 Zusammenfassung

Soziale Ängstlichkeit und insbesondere die soziale Angststörung kann die Wahrscheinlichkeit erhöhen, dass Entwicklungsaufgaben im Kindes- und Jugendalter nicht bewältigt werden und somit das alltägliche Leben subjektiv scheinbar unüberwindliche Hürden darstellt. Mit einer erhöhten Schwere der Symptomatik kommen häufig Folgestörungen wie Substanzmissbrauch und Drogenkonsum hinzu. Im Schulkontext finden sich diverse leistungsbezogene und soziale Folgen, die zu einer nicht passenden Beschulung und Rückzug aus dem sozialen Kontext in der Schule führen können.

5 Diagnose

Soziale Ängste können verschiedene Ursachen haben, z.B. entwicklungsbedingte Veränderungen (z.B. mit Beginn der Pubertät), situationsbedingte Veränderungen (in eine neue Schulklasse kommen, Bullyingerfahrungen), sie treten im Rahmen anderer psychischer Probleme auf (z.B. Depression) oder sie manifestieren sich als soziale Angststörung. Die genaue Abgrenzung und Suche nach Ursachen fällt in den Aufgabenbereich von Kinder- und Jugendlichenpsychotherapeut*innen und -psychiater*innen. Aus diesem Grund wird zunächst der übliche Rahmen der klinischen Diagnostik vorgestellt, in dessen Rahmen in der Regel auch eine schulische Einschätzung eingeholt wird. Im nächsten Schritt werden Möglichkeiten für Lehrkräfte dargestellt, um zu entscheiden, wie ein*e sozial ängstliche*r Schüler*in in der Schule unterstützt werden kann und ob eine sozial ängstliche Schülerin oder ein sozial ängstlicher Schüler externe Unterstützung außerhalb der Schule benötigt.

5.1 Klinische Diagnostik

Die klinische Diagnose (z.B. Diagnose der sozialen Angststörung) ist zum einen Voraussetzung für eine psychotherapeutische Behandlung, d.h. zur Abrechnung mit der Krankenkasse. Zum anderen dient die Diagnose als Indikation (siehe Kasten) für die Behandlung und deren Inhalte.

Indikation

Die Indikation gibt an, wann eine Behandlung angemessen oder angezeigt ist. Zugleich wird in diesem Rahmen eingeschätzt, welche Art der Behandlung für das jeweilige Problem bzw. die Störung eingesetzt werden sollte (differentielle Indikation).

Im Rahmen der Diagnostik vor einer Psychotherapie gilt ein klinisches Interview als Goldstandard. In diesem werden anhand eines Leitfadens mittels geschlossener und offener Fragen die Symptome des Kindes exploriert (siehe Kapitel 5.2). In der Regel werden dabei sowohl die Eltern wie auch das Kind oder der Jugendliche befragt und beide Perspektiven einbezogen. Das Interview wird in der Regel durch Fragebögen ergänzt, welche ein Urteil der Lehrkraft mitberücksichtigen.

5.1.1 Grundlagen der Diagnostik

In der psychologischen Diagnostik werden zur Überprüfung der Güte der Testverfahren und zur Einschätzung der erreichten Werte bestimmte Kriterien vorgegeben, um eine für den Einzelfall valide Aussage treffen zu können. Dabei sollte jeder Test eine möglichst hohe Qualität der Hauptgütekriterien Objektivität, Reliabilität und Validität erreichen. Die Normierung als wichtiges Kriterium für den klinisch-psychologischen Alltag wird gesondert dargestellt. Die in der Box genannten Kriterien werden für jedes empirische Testverfahren geprüft. Es sollten nur solche Verfahren eingesetzt werden, welche diese Kriterien mindestens zufriedenstellend erfüllen.

Gütekriterien

Objektivität

Objektivität beschreibt die Unabhängigkeit des Versuchsergebnisses von den Rahmenbedingungen und anderen verfälschenden Faktoren. Zum Beispiel sollte ein Test ein ähnliches Ergebnis erzielen – unabhängig davon, wann, wo und von wem dieser durchgeführt und ausgewertet wurde. Im Schulkontext wäre es somit eine Klassenarbeit, die unabhängig von Lehrer*in, Klasse oder Zeitpunkt zu ähnlichen Ergebnissen führt.

Reliabilität

Reliabilität umfasst die Zuverlässigkeit oder Genauigkeit eines Verfahrens. Eine Wiederholung der Messung unter gleichen Rahmenbedingungen sollte somit bei einem hoch reliablen Verfahren zu einem sehr ähnlichen, wenn nicht sogar gleichen Messergebnis führen. Somit sollte die gleiche Klassenarbeit in der Wiederholung zu einem ähnlichen Ergebnis führen.

Validität

Validität beinhaltet die inhaltliche Übereinstimmung der empirischen Messung mit dem Messkonzept, das man tatsächlich erheben wollte. Eine weitgehende Übereinstimmung eines Verfahrens der Leistungsdiagnostik mit den Schulnoten spricht zum Beispiel dafür, dass dieses ein valides Verfahren ist.

Unter Normierung versteht man das Erstellen einer Umrechnungsskala, die aus Rohwerten Normwerte ableitet. Diese Normwerte erlauben die Vergleichbarkeit eines individuellen Testergebnisses mit einer repräsentativen Stichprobe. Zugrundeliegend ist die Annahme, dass Merkmale (z. B. Schuhgröße, Körpergewicht, Intelligenz) in einer Gruppe normalverteilt sind. Es finden sich somit zum Beispiel bei der Körpergröße viele Menschen im Mittelfeld, einige sind besonders groß, einige besonders klein. Durch die Normierung eines Tests ist es möglich, den Testwert einer Person in Bezug zur Gesamtbevölkerung zu setzen und somit zum Beispiel zu klären, ob ein Kind oder ein*e Jugendliche*r möglicherweise überdurchschnittlich starke Ängste im Vergleich zu einer Referenzstichprobe von anderen Kindern und Jugendlichen berichtet.

5.1.2 Klinische Interviews

Klinische Interviews erfassen in der Regel eine große Bandbreite an psychischen Auffälligkeiten und verschiedenen psychischen Störungen. Sie dienen in der klinischen Diagnostik als Abgleich der berichteten Symptomatik mit den Klassifikationssystemen (vgl. Kapitel 2.3.3). Im deutschen Sprachraum etabliert ist zum Beispiel das Diagnostische Interview bei psychischen Störungen im Kindes- und Jugendalter (Kinder-DIPS; Margraf, Cwik, Pflug, & Schneider, 2017; Schneider, Pflug, In-Albon, & Margraf, 2017). In diesem Verfahren befragten geschulte Interviewer*innen Eltern und Kind getrennt voneinander zu verschiedenen Symptomen, auslösenden und verändernden Faktoren sowie zu der durch die Störung bedingte Beeinträchtigung in verschiedenen Lebensbereichen. Dabei stehen sowohl Screening-Fragen zur Verfügung, die nur ganz grob Problembereiche abfragen, wie auch Vertiefungsfragen bei Verdacht auf eine vorliegende Symptomatik. Das Interview erlaubt in der Auswertung die Zuordnung zu den Kriterien und somit die Diagnosestellung nach ICD-10 und DSM-5. Die verschiedenen Perspektiven werden nach Abschluss des Interviews in ein Gesamturteil integriert. Die psychometrischen Gütekriterien sind überprüft und gelten als gesichert.

5.1.3 Fragebögen

In der Regel werden neben störungsspezifischen Fragebögen auch sogenannte Breitbandverfahren eingesetzt, welche Symptome aus verschiedenen Bereichen (z. B. Depression, Aggression, Angst) erfragen. Diese liefern Hinweise zu potentiell zusätzlich auftretenden Störungen wie auch zum Teil zu Kompetenzen und Ressourcen des Kindes.

Soziale Ängste sowie Leistungsängste werden anhand spezieller Fragebögen im Selbsturteil (durch das Kind) und Fremdurteil (durch Eltern, Lehrkräfte etc.) erfasst. Diese decken Symptome eines Störungsbildes ab.

Im Folgenden wird exemplarisch auf Fragebögen für Kinder und Jugendliche bzw. Eltern eingegangen, während Verfahren für Lehrkräfte ausführlicher vorgestellt werden.

Breitbandverfahren – Youth Self Report (YSR; Kinder/Jugendliche)

Der YSR als Teil der Child Behavior Checklist (CBCL/6–18R; Döpfner, Plück & Kinnen, 2014) kann in einem Altersspektrum von 11 bis 18 Jahren eingesetzt werden. Er erfasst neben Verhaltensauffälligkeiten, emotionalen Auffälligkeiten und somatischen Beschwerden auch soziale Kompetenzen von Kindern und Jugendlichen. Bei der Auswertung können acht Problemskalen erstellt werden (Ängstlich/depressiv, Rückzüglich/depressiv, Körperliche Beschwerden, soziale Probleme, Denk-, (Schlaf-) und repetitive Probleme, Aufmerksamkeitsprobleme, Regelverletzendes Verhalten und Aggressives Verhalten) sowie drei übergeordnete Skalen (Gesamtauffälligkeit, internale Probleme, externale Probleme). Die psychometrischen Gütekriterien sind überprüft und gelten als gesichert. Der Fragebogen ist normiert, sodass eine Einteilung in unauffällige und auffällige Symptomausprägungen möglich ist.

Breitbandverfahren – Child Behavior Checklist (CBCL; Eltern)

Die CBCL (CBCL/6–18R; Döpfner, Plück & Kinnen, 2014) kann in einem Altersspektrum von 6 bis 18 Jahren eingesetzt werden. Auswertung und psychometrische Kriterien entsprechen dem YSR. Der Fragebogen ist normiert, sodass eine Einteilung in unauffällige und auffällige Symptomausprägungen möglich ist.

Spezifischer Fragebogen – Soziale Phobie und -angstinventar für Kinder (SPAIK, Kind)

Das SPAIK (Melfsen et al., 2001) ist eine deutsche Übersetzung des „Social Phobia and Anxiety Inventory for Children (SPAI-C; Beidel, Turner & Morris, 1995). Der Fragebogen umfasst Kognitionen, somatische Symptome sowie Vermeidungs- und Fluchtverhalten für verschiedene Situationen und ist ab einem Alter von 8 Jahren geeignet. Er zeichnet sich dadurch aus, dass bestimmte Fragen für verschiedene Personengruppen erfasst werden („Mädchen und Jungen, die ich kenne", „Jungen und Mädchen, die ich nicht kenne", „Erwachsene). So können die Kinder und Jugendlichen zwischen verschiedenen sozialen Situationen differenzieren. Die psychometrischen Gütekriterien sind überprüft und gelten als gesichert. Der Fragebogen ist normiert, sodass eine Einteilung in unauffällige und auffällige Symptomausprägungen möglich ist. Der Fragebogen wird in der Psychotherapie mit Kindern und Jugendlichen häufig eingesetzt.

Spezifischer Fragebogen – Fragebogen zu sozialer Angst und sozialen Kompetenzdefiziten – Version für Jugendliche (SASKO-J, Kind)

Der SASKO-J (Castelao, Kolbeck & Ruhl, 2017) erfasst soziale Ängste und soziale Kompetenzdefizite aus Sicht der Jugendlichen. Über Aussagen zu Sprech- und Mittelpunktsangst, Angst vor Ablehnung, Interaktionsdefizite und Informationsverarbeitungsdefizite werden zentrale Aspekte der sozialen Angststörung erfasst. Der Fragebogen kann ab einem Alter von 12 Jahren eingesetzt werden. Die psychometrischen Gütekriterien sind überprüft und gelten als gesichert. Der Fragebogen ist normiert und liefert einen Grenzwert für das wahrscheinliche Vorliegen einer sozialen Angststörung. Der Fragebogen kann in der Psychotherapie mit Kindern und Jugendlichen eingesetzt werden.

Spezifischer Fragebogen Ängste allgemein – Phobiefragebogen für Kinder und Jugendliche (PHOKI; Kind)

Der PHOKI (Döpfner, Schnabel, Goletz & Ollendick, 2006) erfasst in 96 Aussagen Ängste vor verschiedenen Objekten und Situationen. Die Teilbereiche umfassen Angst vor Gefahren und Tod, Trennungsängste, soziale Ängste, Angst vor Bedrohlichem und Unheimlichem, Tierphobien, Angst vor medizinischen Eingriffen und Schul- und Leistungsängste. Insbesondere die Skalen soziale Ängste und Schul- und Leistungsängste eignen sich als Screening, um Ängste im sozialen Bereich zu erfassen. Die Kinder und Jugendlichen (Altersspektrum 8 bis 19 Jahre) geben selbst Auskunft. Die psychometrischen Gütekriterien sind überprüft und gelten als gesichert. Der Fragebogen ist normiert, sodass eine Einteilung in unauffällige und auffällige Symptomausprägungen möglich ist. Der Fragebogen wird als Screeninginstrument in der Psychotherapie mit Kindern und Jugendlichen häufig eingesetzt.

Spezifischer Fragebogen – Elternfragebogen zu sozialen Ängsten im Kindes- und Jugendalter (ESAK; Eltern)

Der ESAK (van Gemmeren et al., 2008) erhebt das Elternurteil über soziale Ängste der Kinder. Die Eltern geben Auskunft über negative Kognitionen, körperliche Erregung und Vermeidungsverhalten ihres Kindes in sozialen Situationen in den letzten sechs Monaten. Die psychometrischen Gütekriterien sind geprüft und gelten als gesichert. Die zugehörige Lehrkräfteversion (L-ESAK) wird weiter unten beschrieben.

Breitbandverfahren Teacher Report Form (TRF; Lehrkraft)

Die TRF als Teil der CBCL (Döpfner et al., 2014) kann in einem Altersspektrum von 6 bis 18 Jahren eingesetzt werden. In diesem Fragebogen werden allgemeine Probleme erfasst (z. B. „Kann nicht stillsitzen, ist unruhig oder überaktiv", „Ist übergewichtig", „Glaubt, perfekt sein zu müssen"), die eingeschätzt werden als „nicht zutreffend", „etwas oder manchmal zutreffend" bzw. „genau oder häufig zutreffend". In zusätzlichen, etwas offener gestalteten Items werden z. B. die gegenwärtigen Schulleistungen in verschiedenen Schulfächern, Sorgen bzgl. des Schülers sowie positive Aspekte erfasst. Auswertung und psychometrische Kriterien entsprechen dem YSR. Der Fragebogen ist normiert, sodass eine Einteilung in unauffällige und auffällige Symptomausprägungen möglich ist.

Angstfragebogen Fremdbeurteilungsbogen zu Angst (FBB-ANG; Lehrkräfte)

Der FBB-ANG entstammt dem Diagnostik-System für psychische Störungen nach ICD-10 und DSM-5 für Kinder und Jugendliche in der dritten Auflage (DISYPS-III, Döpfner & Görtz-Dorten, 2017). Das DISYPS enthält Fragebögen für verschiedene Störungsbereiche (z. B. Tic-Störungen, Depression, Störung des Sozialverhaltens). Bei Kindern ab 11 Jahren kann ein Selbstbericht erfolgen. Für alle Kinder und Jugendlichen von vier bis 18 Jahren ist ein Fremdbericht durch Erzieher*innen, Lehrkräfte und Eltern möglich. In 49 Items werden verschiedene Ängste, Vermeidung und Beeinträchtigung des Kindes erfragt (z. B. „Hat eine ausgeprägte und anhaltende Angst, in Leistungssituationen zu versagen (z. B. in der Schule, bei Klassenarbeiten, wenn sie/er in der Klasse aufgerufen wird). Das Zutreffen dieser Beschreibung wird durch die Lehrkraft von 0 (gar nicht) bis 4 (besonders) eingestuft. Dabei wird unterschieden zwischen solchen Ängsten, welche die Lehrkraft beurteilen kann, und Ängsten sowie Situationen, die nicht einschätzbar sind (insgesamt 15 Items, z. B. „Die genannten Probleme beeinträchtigen die Beziehungen zu Familienmitgliedern (z. B. Eltern, Geschwister) erheblich“). Außerdem erhebt der Fragebogen Kompetenzzuschreibungen als komplementär zur Angstsymptomatik (z. B. „Ist unbekümmert und sorglos“). Die psychometrischen Gütekriterien sind geprüft und gelten als gesichert. Trotz Vorliegen von Repräsentativnormen für Kind- und Elternurteil liegen keine Repräsentativnormen für das Lehrkräfteurteil vor. Jedoch finden sich klinische Vergleichsnormen für das Elternurteil. Laut Autor*innen bedarf der Fragebogen einer Ausfüllzeit von 10 Minuten.

Spezifischer Fragebogen L-ESAK (Lehrkräfte)

In einem zum ESAK äquivalenten Fragebogen berichten Lehrkräfte in 15 Fragen, wie sie die sozialen Ängste des Kindes oder des*der Jugendlichen einschätzen (z. B. „Der Schüler/die Schülerin ist aufgeregt, wenn er/sie im Mittelpunkt steht“). Diese werden auf einer vierstufigen Skala von „gar nicht“ bis „sehr“ eingeschätzt. Zudem finden sich im Fragebogen allgemeine Fragen, die das Verhalten und die Situation des Schülers bzw. der Schülerin einschätzen (z. B. „Wird der/die Schüler/in der Klasse von anderen gemobbt oder gehänselt?“, „Fällt der/die Schüler/in durch häufige Fehlstunden auf?“). Diese lassen die Möglichkeit zu, die Situation weiter zu beschreiben.

5.1.4 Beobachtung

Streng genommen fallen die Fragebögen aus der Perspektive der Eltern und Lehrkräfte bereits in das Feld der Beobachtung, da diese das Kind oder den*die Jugendliche*n beobachten und auf der Metaebene ein Urteil fällen. In diesem Abschnitt soll es nun vor allem um die konkrete, verhaltensnahe Beobachtung gehen.

Häufig fällt es vor allem jüngeren Kindern schwer, Symptome zu beschreiben. Situationen werden oft nicht unbedingt als „angstauslösend", sondern eher als „schwierig" eingeschätzt. Zudem findet sich oft ein ausgeklügeltes Vermeidungssystem im Leben der Kinder und Familien, das es ermöglicht, ohne Angst zu leben, da angstbesetzte Situationen nicht aufgesucht werden. Zum Beispiel wären dies Absprachen in der Schule, dass ein Kind nicht vor anderen sprechen muss. Das Kind erlebt dann keine Angst und berichtet diese auch nicht. Somit ist neben den Berichten von Kindern, Eltern und Lehrkräften das tatsächlich zu beobachtende Verhalten des Kindes zentral. Beispielhaft werden verschiedene Ebenen von Symptomen der sozialen Angststörung in Tabelle 4 beschrieben.

Es besteht die Möglichkeit, in einem sogenannten Verhaltenstest zu eruieren, welche Situationen wie schwierig sind und auf welchen Ebenen (z. B. gedanklich, körperlich, verhaltensnah) sich diese zeigen. Ein Verhaltenstest beinhaltet z. B., spontan einen kleinen Vortrag zu halten oder das Kind oder den*die Jugendliche*n zu bitten, eine ihm*ihr unbekannte Person anzusprechen. Dabei ist es zentral, dass für das Kind klar ist, warum diese Situation aufgesucht bzw. hergestellt wird.

Im Rahmen der Beobachtung und des Stellenwerts dieser ist darüber hinaus die Beobachtung in der Schule von enormer Relevanz, da dort das Kind bzw. der Jugendliche immer wieder sozialen Situationen ausgesetzt ist und das konkrete Verhalten direkt beobachtet werden kann. Neben der Beobachtung durch den*die Therapeut*in in der Schule (siehe Kapitel 5.1.5) ist auch die Beobachtung durch die Lehrperson (siehe Kapitel 5.2.1) eine hervorragende Möglichkeit, in der konkreten Situation Informationen über das Erleben und Verhalten des Kindes zu sammeln.

5.1.5 Leistungsdiagnostik

Soziale Ängste können im Rahmen einer schulischen Überforderung auftreten, wenn für den*die Schüler*in deutlich wird, dass er*sie weder mit den Klassenkamerad*innen noch mit den Leistungszielen der Klasse mithalten kann. Bei Hinweisen auf Leistungsängste oder andere Leistungsprobleme sowie schulische Über- oder Unterforderung ist somit eine Leistungs- bzw. Teilleistungsdiagnostik sinnvoll. Neben einem übergeordneten Wert für die Gesamtleistung (Mittelwert: 100, Standardabweichung: 15) ermitteln umfassende Leistungstests auch Werte für Teilbereiche wie z. B. Sprachverständnis oder Logisches Denken. Gängige Ver-

Tabelle 4: Beispielhafte Symptome in einer sozialen Situation (z. B. Referat) bei Vorliegen starker sozialer Ängste

Altersgruppe	Verhalten	Kognitionen	Körperliche Symptome
Frühe Kindheit und Vorschulalter	Weinen, Anklammern, Wutanfälle Verstummen bzw. Weigerung zu sprechen, Vermeidung sozialer Situationen, Verlegenheit		Unruhe, Bauch- und Kopfschmerzen
Grundschulalter	Weinen, Wutanfälle, Vermeidung sozialer Situationen, Rückzug	*Vor der Situation:* Sorge um potentiell auftretende peinliche Ereignisse („Ich werde mich blamieren“) *In der Situation:* stärkere Wahrnehmung von Bedrohung („Alle schauen total gelangweilt“) *Nach der Situation:* Grübeln mit Fokus auf die negativen Elemente („Ich habe ALLES falsch gemacht.“)	Unruhe, Bauch- und Kopfschmerzen, Herzklopfen, Zittern, Schwitzen
Jugendalter	Vermeidung sozialer Situationen, Rückzug, Sicherheitsverhalten (z. B. Vermeidung von Blickkontakt)		Symptome teilweise ähnlich einer Panikattacke, insbesondere Herzklopfen, Zittern, Schwitzen

fahren zur Überprüfung der Leistungsfähigkeit sind zum Beispiel die Kaufman Assessment Battery for Children (KABC-II, Kaufman & Kaufman, 2015) für Kinder und Jugendliche im Alter von 3 bis 19 Jahren oder die Wechsler Intelligence Scale for Children (WISC-V, Wechsler, 2017) für die Altersgruppe von 6 bis 17 Jahren. Beide Verfahren benötigen eine Durchführungszeit von ca. 70 bis 90 Minuten.

Tabelle 5: Erfasste Teilbereiche in zwei gängigen Leistungstests im Kindes- und Jugendalter

Teilbereiche KABC-II	Teilbereiche WISC-V
Sequentiell/Kurzzeitgedächtnis	Arbeitsgedächtnis
Simultan/visuelle Verarbeitung	Sprachverständnis
Lernen/Langzeitspeicherung und -erinnerung	Verarbeitungsgeschwindigkeit
Planung/fluide Fertigkeiten	Visuell-räumliches Denken
Wissen/kristalline Intelligenz	Fluides Schlussfolgern

Bei Schwierigkeiten im Sprechen oder einer Weigerung zu sprechen besteht die Möglichkeit, einen sprachfreien Leistungstest durchzuführen (z. B. Snijders-Oomen Nonverbal Intelligence Test; Tellegen, Laros, & Petermann, 2012) oder bei den genannten Leistungstests einen Sprachfrei-Index zu bilden.

Sollten Schwierigkeiten vor allem in einzelnen Fächern auftreten, empfiehlt sich die Durchführung von Tests für Teilleistungsstörungen. Diese sind prinzipiell auch im Klassenkontext durchführbar. Für die Diagnose einer umschriebenen Teilleistungsstörung bedarf es jedoch zusätzlich einer Leistungsdiagnostik, die in Bezug gesetzt wird: So darf ein Defizit in einem Teilleistungsbereich nicht als defizitär angesehen werden, wenn die Gesamtleistung unterdurchschnittlich ist. Zudem wird die Entwicklung der Leistungen in Rücksprache mit der Schule betrachtet (Wyschkon & Ehlert, 2019). Die Diagnostik bzw. die Stellung der Diagnose obliegt somit Kinder- und Jugendlichenpsychotherapeut*innen und -psychiater*innen. Sollte das Intelligenzniveau oder eine Teilleistungsstörung die sozialen Ängste (mit)bedingen, ist ein Nachteilsausgleich oder eine Umschulung zu bedenken. Im weiteren Verlauf ist es dann möglich, dass die sozialen Ängste mit nachlassendem Leistungsdruck und besserer Passung zwischen Kompetenzen und Anforderungen nachlassen.

5.1.6 Klinische Diagnostik im Schulkontext

Im Rahmen der Behandlung der sozialen Angststörung wird – das Einverständnis von Kind bzw. Jugendliche*r und Eltern vorausgesetzt – in der Regel eine Kooperation zwischen Schule und Therapie angestrebt. Der Einbezug der Schule ist dabei individuell verschieden. So kann der Haupteinbezug im Rahmen der Diagnostik stattfinden, wie im Folgenden näher dargestellt wird. Auch der Einbezug in die Therapie ist möglich und oft erwünscht (vgl. Kapitel 6). Für die Diagnostik wird das Urteil der Lehrkraft eingeholt. Eine Rückmeldung der Diagnose findet nur statt, wenn dies von Kind bzw. Jugendlichem*r und Eltern gewünscht wird. Aus therapeutischer Perspektive ist die Einschätzung der Lehrkraft von sehr hohem Stellenwert, da diese einen Einblick in die Schulsituation hat, die allen anderen verwehrt bleibt.

Im Rahmen des diagnostischen Urteils der Lehrkraft ist zum einen die Fremdbeobachtung relevant, die im Alltag stattfindet. So wird ein entsprechender Fragebogen (vgl. Kapitel 5.1.2) im Wissen ausgefüllt, den*die Schüler*in gut zu kennen und situationsübergreifend einzuschätzen. Es kann zudem auch vonnöten sein, eine explizite Verhaltensbeobachtung im Unterricht durchzuführen. Dies ist zum einen über die Lehrkraft oder über den*die Therapeuten*in möglich. Aufgrund begrenzter Kapazitäten bietet es sich oft an, dass die Beobachtung durch den*die Therapeut*in durchgeführt wird, der*die dafür Kontakt zur Schule aufnimmt und die genauen Umstände abspricht.

5.2 Erkennen von sozialen Ängsten durch Lehrkräfte im Schulkontext

Da entwicklungsbedingt (vgl. Kapitel 2) bei fast jedem Kind und fast jedem*r Jugendlichen soziale Ängste auftreten, sind diese zunächst einmal als normativ einzuschätzen und zu berücksichtigen. Insbesondere für Lehrkräfte stellt sich jedoch die Frage, ab wann ein Schüler oder eine Schülerin gegebenenfalls mehr Unterstützung benötigt und ob diese durch schulinterne Ressourcen erfolgen kann oder externe Hilfen, z. B. durch eine schulpsychologische Beratungsstelle oder die Vermittlung in eine Psychotherapie, erforderlich werden. Somit sollte das Ausmaß an sozialer Angst und die damit verbundenen schulischen Einschränkungen erfasst werden. Eine Unterscheidung zwischen sozialen Ängsten und einer möglichen sozialen Angststörung ist hilfreich, um die richtigen Unterstützungsangebote einzuleiten (siehe auch Kapitel 6).

5.2.1 Beobachtung

Im Arbeitsalltag in der Schule finden bereits zahlreiche Beobachtungsprozesse statt, da für eine Rückmeldung an die Schüler*innen bzw. die Eltern bezüglich der Leistung und des Sozialverhaltens eine situationsübergreifende Einschätzung entsteht. Dieser alltagsnahe Beobachtungsprozess, der gewissermaßen über alle Schüler*innen hinweg ähnlich stattfindet, kann auch darin resultieren, Verhaltensauffälligkeiten oder Probleme bei Schülern und Schülerinnen zu bemerken, wie z. B. fehlende Mitarbeit im Unterricht, wenig Kontakt zu anderen Mitschüler*innen etc. Sollte dies geschehen sein, bietet es sich an, im nächsten Schritt zunächst einige Zeit lang genauer zu beobachten, wann welche Auffälligkeiten auftreten und welche Folgen diese mit sich bringen. Dabei können folgende Leitfragen hilfreich sein, die im Anhang A als Leitfaden zu finden sind.

Leitfragen zur Beobachtung im Schulalltag

Welches Verhalten beurteilen Sie als auffällig?

Versuchen Sie – insbesondere bei einem eher diffusen Eindruck wie z. B. „Daniel zieht sich zurück" oder „Irgendwie wirkt Sarah traurig" – genau zu erfassen, woran Sie festmachen, dass der Schüler oder die Schülerin Probleme hat. Dies kann z. B. sein, dass ein Kind oder der*die Jugendliche wenig mit anderen Gleichaltrigen spricht, dass wenig mündliche Mitarbeit zu beobachten ist, dass die Schülerin bzw. der Schüler in der Pause scheinbar nie bei anderen Gleichaltrigen ist. Genauso ist es möglich, dass das Kind oder der*die Jugendliche bei verbaler Ansprache überfordert wirkt oder gar in manchen Situationen nicht spricht. Je genauer ein Verhalten beschrieben wird, desto leichter ist die Beobachtung.

Wann und wo tritt das Verhalten auf?

Beobachten Sie, ob das Verhalten fast jeden Tag auftritt oder auch fast in jeder Stunde. Ist es vor allem morgens zu beobachten, könnte es vielleicht mit Müdigkeit zusammenhängen. Ist es ein eher passageres Phänomen von einigen Wochen, könnte es in Zusammenhang mit einer anderen Stresssituation, z. B. zuhause oder im Rahmen einer Prüfungszeit in der Schule, stehen.

Ebenso ist es sinnvoll zu erfassen, in welchem Kontext das Verhalten auftritt: Bezieht es sich vor allem auf die Unterrichtssituation und/oder auf die Pausen? Beobachten Sie eine Änderung im Verhalten, wenn der Unterricht abschließt? Bei einem starken Bezug auf den Unterricht ist an Leistungsängste zu denken. Zeigt der*die Schüler*in das Verhalten als Reaktion auf Mitschüler*innen, ist zu überlegen, ob eine Bullying-Situation besteht. Auch der Austausch mit anderen Fachlehrkräften ist sinnvoll, um zu prüfen, ob vielleicht in einem Fach eine besondere Leistungsangst oder Überforderung besteht.

Welche Konsequenzen ergeben sich für den Schüler und die Schülerin und die Personen um es herum?

Hier stellt sich die Frage, welche Folgen für die Betroffenen mit diesem Verhalten entstehen. Führt es z. B. dazu, dass sich einige Personen besonders stark um sie kümmern (z. B. mehr Aufmerksamkeit durch den*die Lieblingslehrer*in), ist zu überlegen, dass sich das Verhalten mit einer bestimmten Funktion verselbstständigt hat. Ist zu beobachten, dass andere Personen vielleicht eher genervt reagieren und sich mehr und mehr abwenden, kann daraus eine erhebliche Beeinträchtigung durch fehlende Sozialkontakte entstehen.

Eine genaue Beobachtung hilft, einzuschätzen, ob das Verhalten stabil ist *(Stabilität)*, ob es im Rahmen von bestimmten Begleiterscheinungen auftritt *(Kontextfaktoren)* sowie ob es mit einer Beeinträchtigung und einem Leidensdruck einhergeht *(Einschränkung)*. Die Prüfung dieser drei Punkte liefert die Grundlage zur Entscheidung, ob ein Kind oder Jugendliche*r Unterstützung benötigt und wie diese aussehen sollte. Für die systematische Erfassung kann der „Beobachtungsbogen von Verhalten über einen Zeitraum von 2 Wochen“ in Anhang B genutzt werden.

5.2.2 Gespräch mit dem*der betroffenen Schüler*in und den Eltern

Insbesondere wenn sich ausgeprägte soziale Ängste abzeichnen, ist ein Gespräch mit dem Kind bzw. dem*der Jugendlichen und den Eltern notwendig. Je nach Alter kann es sinnvoll sein, das Kind weniger stark (jüngere Kinder) oder fast ausschließlich (Jugendliche) mit einzubeziehen. Dabei ist ein behutsames Vorgehen wichtig, da ein Gespräch über Ängste meist ebenfalls mit Angst bzw. auch mit Scham behaftet ist. Insbesondere bei den Kindern kann neben dem Gefühl der Erleichterung, dass jemand ihre Not erkennt, auch das Gefühl der Peinlichkeit auftreten („Man sieht mir an, dass ich es nicht kann.“). Viele Kinder und Jugendliche finden die Bezeichnung „Angst“ für sich nicht passend bzw. schämen sich. Es kann sich somit anbieten, statt von „Angst“ von „Schwierigkeiten“ oder „Sorgen“ zu sprechen.

Das Gespräch sollte dazu dienen, sowohl die Sicht der Lehrkraft zu schildern als auch die Perspektive des Kindes bzw. Jugendlichen und der Eltern einzuholen. Dabei sollte das Gespräch bewusst offen gestaltet werden, sodass die Familie die Möglichkeit hat, die Probleme zu schildern und gegebenenfalls anders einzuordnen, als es von der Lehrkraft ursprünglich eingeschätzt wurde.

Beispiel für den Gesprächseinstieg

„Schön, dass du heute (mit deinen Eltern) hergekommen bist. Ich wollte mir gerne außerhalb des Unterrichts mal etwas Zeit nehmen, um mit dir zu sprechen. Mir ist aufgefallen, dass du dich im Unterricht weniger meldest und auf dem Schulhof öfter alleine bist. Dabei hatte ich manchmal den Eindruck, dass du etwas traurig wirkst. Wie siehst du das? [Antwort abwarten] Ich habe überlegt, was da dahinter stecken könnte. Manche Kinder mögen sich nicht mehr beteiligen, weil etwas vorgefallen ist, zuhause oder in der Schule. Andere Kinder sind aus anderen Gründen traurig und können sich nicht mehr richtig motivieren. Außerdem gibt es auch viele Kinder, die sich aus Angst zurückziehen,

> weil sie beispielsweise Angst in Situationen mit anderen Kindern haben, z.B. wenn sie ein Referat halten müssen. Mich würde interessieren, was bei dir vielleicht los ist. [Antwort abwarten] ..."

Wichtig ist es zu respektieren, wenn ein*e Schüler*in nicht über seine*ihre Ängste sprechen möchte. Dies kann darin begründet sein, dass Hemmungen bestehen, sich einer Autoritätsperson anzuvertrauen, oder aber noch keine Bereitschaft besteht, sich zu öffnen. Es sollte auch bedacht werden, dass viele Ängste vorübergehend sind und diese auf keinen Fall pathologisiert werden sollten. Oft ist es hilfreich, am Ende eine kleine Auswahl von Unterstützungsmöglichkeiten anzusprechen, die dem Kind oder Jugendlichen und den Eltern eine Orientierung geben (vgl. Kapitel 6 Schulzentrierte Maßnahmen zur Unterstützung und Begleitung sozial ängstlicher Kinder und Jugendlicher). In der Regel werden die Betroffenen diese Vorschläge nicht umgehend aufgreifen und darauf eingehen, sondern mit Bedenkzeit auf die Möglichkeiten zurückkommen. Kurz gefasst sollte der Ablauf des Gesprächs folgende Eckpunkte umfassen:
- Schilderung des eigenen Eindrucks der Lehrkraft
- Möglichkeit für das Gegenüber, die jeweils eigene Perspektive zu schildern
- Darstellung möglicher Hilfsmöglichkeiten durch die Lehrkraft
- Angebot, das Gespräch später fortzusetzen oder dem Kind/Jugendlichen die Möglichkeit geben, selbst das Gespräch zu suchen
- Generell Offenheit gegenüber verschiedenen Optionen

5.2.3 Mögliche Schwierigkeiten im Gespräch

Im Folgenden sollen einige Themen angesprochen werden, die im Kontakt mit den Kindern und Jugendlichen als schwierig erlebt werden. Im Einzelfall können auch andere Probleme auftreten, die je nach Intensität (wenn ein Kind z.B. aggressiv wird) in einem anderen Kontakt (z.B. gemeinsam mit dem*der Schulsozialarbeiter*in) aufgegriffen werden sollten.

Das Kind bzw. der*die Jugendliche schweigt

Nicht immer kennt eine Lehrkraft das Kind oder den*die Jugendliche so gut, dass ein enges Vertrauensverhältnis besteht. Lehrkräfte sollten sich somit vergegenwärtigen, dass sie selbst für das Kind oder den*die Jugendliche eine unbekannte Person sind und damit im Fokus der Ängste der Kinder und Jugendlichen stehen können. In vielen Fällen fürchten sich die Kinder und Jugendlichen im ersten Kontakt davor, sich vor der Lehrkraft zu blamieren oder sich peinlich zu verhalten, da diese für sie Personen mit einer besonderen Autorität darstellen.

Bei jüngeren Kindern im Vor- oder Grundschulalter kann dies zu einer massiven Verweigerung eines Gesprächs führen, ältere Kinder und Jugendliche sind häufig nervös und sehr aufgeregt sowie in ihren Schilderungen oft unsicher oder geben eher kurze Antworten. Wenn Eltern im ersten Einzelgespräch mit anwesend sind, kommt es häufig vor, dass Kinder ihre Eltern für sich antworten lassen. Im ersten persönlichen Gespräch sollte besonders darauf geachtet werden, eine offene und positive Atmosphäre zu schaffen und nicht das Vermeidungsverhalten zu verstärken (z. B. Kinder/Jugendliche selbst Antworten geben lassen).

Um starken sozialen Ängsten im ersten Gespräch zwischen Lehrkraft, Schüler*in und Eltern zu begegnen, können verschiedene Techniken genutzt werden. Grundsätzlich ist davon auszugehen, dass soziale Ängste der Kinder und Jugendlichen im Verlaufe des Gesprächs von selbst abnehmen. So kann es insbesondere bei einer Verweigerung von jüngeren Kindern hilfreich sein, zu Beginn eine längere Spielphase gemeinsam mit den Eltern zu gestalten, bis die Angst der*des Schüler*in abnimmt. Weiterhin bietet es sich an, im Gespräch mit positiven oder neutralen Themen zu beginnen, da diese für die Kinder und Jugendlichen im Gegensatz zur Angstsymptomatik weniger angst- und schambesetzt sind und sie daher nicht so sehr fürchten sich zu blamieren. In der Gesprächsführung sollten Lehrkräfte viel Wert darauf legen, die Antworten und Schilderungen der Kinder positiv zu paraphrasieren und die Schüler*innen darin zu bestärken, dass ihre Antworten nicht dumm oder peinlich sind. Weiterhin sollte eine eher langsame Gesprächsführung gewählt werden und ein investigatives Ausfragen (z. B. schnell viele Themen hintereinander abfragen) vermieden werden. Bei Verstummen von jüngeren Kindern, welche Schwierigkeiten haben können, auf offene Fragen zu antworten, kann den Kindern das Antworten durch Anbieten von verschiedenen Antwortalternativen erleichtert werden. Jedoch muss auch hier darauf geachtet werden, Fragen nicht zu suggestiv zu stellen. Mögliche Verhaltensoptionen werden in Tabelle 6 aufgeführt.

Das Kind oder der*die Jugendliche besteht darauf, kein Problem zu haben

Einige Kinder, insbesondere Jugendliche, verneinen Ängste und Schwierigkeiten mit anderen. Hier ist es nicht hilfreich, in eine Diskussion zu gehen („Ich sehe doch im Unterricht, dass du dich nicht beteiligen magst.“). Vielmehr sollte die Lehrkraft offen berichten, was sie im Unterricht oder in den Pausen sieht, dabei aber keine klare Zuschreibung machen, dass dies problematisch ist oder auf Angst basiert. Vielmehr sollte auch hier die Möglichkeit gegeben werden, dass das Kind oder der*die Jugendliche selbst eine Einschätzung vornimmt (z. B. „Ich habe bemerkt, dass du in den Pausen meist für dich bist. Im Unterricht – also in Englisch und in Geschichte bei mir – beteiligst du dich mündlich nur ganz wenig, obwohl du schriftlich wirklich gut Leistungen zeigst. Manchmal habe ich den Eindruck, dass es dir unangenehm ist, etwas vor anderen zu sagen. Aber da würde mich interessieren, wie du das siehst?“). Auch an dieser Stelle sei auf Tabelle 6 verwiesen.

Tabelle 6: Mögliches Angstverhalten von Kindern und Jugendlichen mit starken sozialen Ängsten sowie Verhaltenstipps für Lehrkräfte

Angstverhalten im Kontakt von Kindern und Jugendlichen mit starken sozialen Ängsten	Tipps für Verhalten als Lehrkraft im ersten Gespräch zu sozialen Ängsten
Verweigerung des Gesprächs aufgrund sozialer Ängste (z. B. Weinen, Anklammern an die Eltern, Weigerung das Zimmer allein zu betreten) Verstummen und deutliche Unsicherheit und Überforderung, insbesondere auf offene Fragen zu antworten (z. B. „Warum bist Du heute hier?“) Deutliche körperliche Angstreaktion im ersten Einzelgespräch wie Vermeidung von Blickkontakt, Zittern oder Erröten Herunterspielen von sozialen Ängsten, da diese den Kindern und Jugendlichen peinlich sind Anwesende Eltern in die Beantwortung von Fragen einbeziehen (z. B. hilfesuchender Blickkontakt) oder Eltern die Fragen beantworten lassen	Längere Aufwärmphase (ca. 20 Minuten) zu Beginn des Gesprächs mit gemeinsamem Spiel (ggf. unter Anwesenheit der Eltern) ermöglichen, bis soziale Ängste etwas abgenommen haben Fragen nach positiven Themen und Interessen des Kindes oder Jugendlichen (z. B. Hobbies, Freizeitaktivitäten, Lieblingstiere, letzter Geburtstag oder letzter Urlaub) Unsicherheit des Kindes oder Jugendlichen im Gespräch nicht direkt ansprechen, da dies als besonders peinlich bewertet wird (z. B. nicht „Ich merke, du bist gerade sehr aufgeregt“) Echtes Interesse zeigen, positive Rückmeldung geben und Antworten der Kinder und Jugendlichen paraphrasieren (z. B. wenn Kinder davon berichten, dass sie gerne Superhelden-Comics lesen, „Das ist ja spannend, du magst also Comics gerne. Hast du einen Lieblingshelden?“) Vermeidungsverhalten möglichst wenig verstärken oder aufgreifen (z. B. Kind oder Jugendlichen darin bestärken, Antworten selbst zu geben und nicht durch die Eltern antworten zu lassen) Geschlossene Fragen stellen, Antwortalternativen anbieten (z. B. „In deiner Freizeit, machst du da lieber Dinge drinnen oder draußen?“)

Es finden Schuldzuweisungen innerhalb der Familie statt

Insbesondere in konfliktbehafteten Familien (z. B. in Trennungs-/Scheidungssituation) ist es möglich, dass der Rahmen des Gesprächs bei der Lehrkraft genutzt wird, um die Schwierigkeiten des Kindes als Defizit des*der Partner*in darzustellen. Manchmal zeigt ein Elternteil Schwierigkeiten, die Ängste des Kindes zu verstehen, weil es selbst beispielsweise gerne im Mittelpunkt steht. Im Kontrast dazu sieht sich das andere Elternteil vielleicht als ähnlich zum Kind und kann die Ängste im Sozialkontakt gut nachvollziehen. Schnell ist dann die Zuschreibung da „Das hat er*sie von dir". An dieser Stelle ist es sinnvoll, das Kind im Blick zu behalten, da die Ursachensuche meist weniger hilfreich ist als eine zukunftsgerichtete Perspektive. Eine Möglichkeit wäre somit, die Aufmerksamkeit der Eltern wieder auf das Kind zu lenken („Ich sehe, Sie, Herr xy, können die Ängste Ihres Sohnes gut nachvollziehen, während es für Sie, Frau xy, schwierig ist. Nun, jeder hat Ängste – manche vor Höhe, manche vor Spinnen und wieder andere im Kontakt mit anderen. Für uns ist es an dieser Stelle vor allem sinnvoll, auf Ihren Sohn zu schauen, wie er ab jetzt gut mit den Ängsten klarkommen kann. Herr xy, was hat Ihnen geholfen? ... Frau xy, wie können Sie Ihren Sohn mit Ihrer Erfahrung aus Gruppen unterstützen? ...").

Bezug zum Fallbeispiel Jonas

Der Klassenlehrer bittet die Eltern und Jonas zum Gespräch. Nach Schilderung seines Eindrucks stimmt die Mutter diesem wortreich zu und klagt ihr Leid, wenn es morgens Kämpfe und Tränen gebe, bevor Jonas dann endlich in die Schule gehe. Der Vater fügt die Sorge hinzu, dass Jonas in der Pubertät ähnliche Schwierigkeiten wie er bekommen könne, da er aufgrund seiner Ängstlichkeit immer ausgeschlossen worden sei. Jonas sitzt indessen neben den Erwachsenen und fällt zunehmend in sich zusammen. Der Lehrer bemerkt dies und fragt Jonas nach seiner Einschätzung. Als dieser nur stumm den Kopf schüttelt, bietet der Lehrer an, dass sie sich kurz unter vier Augen unterhalten könnten. Jonas stimmt kaum merklich zu. Die Eltern werden gebeten, 10 Minuten draußen Platz zu nehmen. Der Lehrer gibt Jonas Raum und fragt ihn, ob er kurz ganz allgemein sagen möge, was ihn bedrücke. Jonas erzählt, dass er seinen Eltern keine Sorgen machen wolle. Er habe aber einfach immer wieder Bauchschmerzen und könne sich nicht erklären, wo diese herkämen. Er wolle dann nicht mit der Mutter streiten, aber er fühle sich dann einfach nicht wohl und wolle lieber zuhause bleiben. Der Lehrer äußert Verständnis und fragt, ob er an manchen Tagen mehr Bauchschmerzen habe. Jonas berichtet, dass es vor allem in den stressigen Schulphasen sei, also wenn etwas in der Schule anstehe wie ein Fest oder eine Buchvorstellung. Der Lehrer äußert sich beeindruckt, dass Jonas dies so einschätzen kann, und erklärt ihm, dass er schon viele Kinder kennen gelernt habe, die solche Situationen schwierig finden würden. Er fragt, ob Jonas sich in so einer Situation Unterstützung wünsche. Jonas sagt, dass er nicht wisse, was das sein könne, aber wenn es helfe, sei er dabei. Der Lehrer fragt Jonas, ob er noch etwas unter vier Augen ergänzen wolle oder ob er die Eltern hereinholen solle. Er informiert Jonas, dass es nun vor allem darum ginge, zu überlegen, was ihm helfen könne. Jonas stimmt dem zu, sodass der Lehrer die Eltern wieder hereinbittet und Hilfsmöglichkeiten bespricht.

Gerade bei jüngeren Kindern ist es wichtig, diese nicht nur im Gespräch zu beobachten, sondern auch wenn dieses scheinbar an ihnen vorbeigeht. Für manche Kinder ist es einfacher, ihre Perspektive zu schildern, wenn die Eltern dabei sind, für andere ist es ohne Eltern leichter. Dies gilt es zu erfragen. In diesem Fall wird schnell deutlich, dass die ganze Familie bereits sehr belastet ist. Hilfe von außen, unter anderem auch zur somatischen Abklärung der Bauchschmerzen, ist neben der Unterstützung durch den Lehrer in der Schule also sinnvoll.

Bezug zum Fallbeispiel Lena

Der Klassenlehrer bittet die Eltern von Lena aufgrund der vielen Fehlzeiten und der fehlenden Beteiligung im Unterricht zum Gespräch. Lena möchte nicht mitkommen; die Mutter, die alleine zum Termin erscheint, besteht jedoch darauf. Nachdem der Lehrer die Situation im Unterricht aus seiner Sicht geschildert hat, beginnt die Mutter, Lena Vorwürfe zu machen, dass diese ihre Schulbildung nicht ernst genug nehme und undankbar sei. Der Lehrer spricht die Sorge der Mutter an, dass Lena ihren Schulabschluss nicht schaffe, betont jedoch auch, dass sein Eindruck darin besteht, dass Lena sich bemühe und beispielsweise schriftlich sehr fleißig sei, es aber nicht schaffe, sich zu melden. Er habe außerdem schon viele Kinder und Jugendliche kennen gelernt, die in der Klasse etwas ängstlich seien, es sei also nicht ungewöhnlich. Lena möchte sich nicht äußern und schweigt. Die Mutter nimmt dies zum Anlass zu schildern, dass Lena in der Grundschule zeitweise nicht gesprochen habe. Der Lehrer greift dies auf und meldet Lena zurück, dass er sich freuen würde, wenn sie sich auch äußere, weil er sie als sehr einsichtig und sozial kompetent kennen gelernt habe. Er betont, dass auch er den Schulabschluss als gefährdet sieht, und bietet an, gemeinsam mögliche Hilfen auszuloten, um Lenas Potential wieder zu fördern. Die Mutter ist sofort interessiert, Lena zögert jedoch noch. Der Lehrer fragt, ob er ganz allgemein verschiedene Möglichkeiten vorstellen solle. Daraufhin nickt Lena leicht.

Bei länger eingeschliffenen Verhaltensmustern ist oft ein erstes Sprechen über die Symptomatik schwierig. Wichtig ist, dass die Lehrkraft einerseits Verständnis äußert, aber auch die Brisanz der Lage deutlich benennt. Hierbei gilt es abzuwägen, wie Kinder oder Jugendliche und Eltern auf dies reagieren. In Lenas Beispiel reagiert die Mutter sofort sehr vorwurfsvoll und wirft Lena vor, dass sie die Schule nicht schaffe. Hier gilt es, Verständnis für Lena aufzubauen und sie zu entlasten. Andere Eltern schieben die Angst ihres Kindes vor und fordern von der Lehrkraft Entlastung für ihr Kind, beispielsweise durch Freistellung von Referaten oder

Nachteilsausgleiche. Dies fördert jedoch die Vermeidung und somit das Fortbestehen der Krankheit. Lehrkräfte sollten somit in diesem Fall einerseits zwar Verständnis äußern, andererseits aber auch einfordern, dass eine Änderung für den Schulalltag unabdingbar ist. Dies muss nicht alleine von Familie und Schule geleistet werden, sondern kann psychotherapeutisch unterstützt werden.

Bezug zum Fallbeispiel Marissa

Nach den ersten Wochen an der neuen Schule bittet der Englischlehrer die Familie zum Gespräch. Marissa erscheint zu diesem mit ihrem Vater. Nachdem der Lehrer seinen Eindruck geschildert hat, stimmt der Vater diesem zu und berichtet, dass er von Marissas Schüchternheit oft überfordert sei. Der Lehrer bittet dann Marissa um ihre Perspektive. Zu Beginn berichtet sie eher leise, dass sie anfangs Probleme in der Klasse gehabt habe, aber nun mit ihrer Sitznachbarin ab und zu spreche. Sie sagt, dass sie ihre alten Freundinnen vermisse und manchmal traurig sei, weggezogen zu sein. Der Lehrer äußert Verständnis für ihre Umbruchsituation und fragt, ob Marissa Unterstützung brauche, sich mehr einzuleben. Marissa denkt kurz nach und schüttelt den Kopf. Sie ergänzt, dass sie schon immer länger gebraucht habe, um irgendwo anzukommen. Sie wolle nun erst mal probieren, mehr mit ihrer Sitznachbarin zu machen. Sie verspricht, sich im Unterricht öfter zu beteiligen. Der Vater ist dennoch besorgt und fragt, ob mehr Unterstützung für Marissa möglich sei. Der Lehrer greift Marissas Einschätzung auf und sagt, dass er Marissa gerne etwas mehr Zeit geben wolle, um anzukommen. Sie vereinbaren, ein weiteres Gespräch vor den Weihnachtsferien zu führen, um kurz den Stand zu prüfen.

In Marissas Fall ist das Angebot von Unterstützung sinnvoll, die Umsetzung jedoch nicht absolut notwendig. Beim Eindruck, dass der Schüler oder die Schülerin selbst die Situation und sich selbst einigermaßen einschätzen kann, ist es durchaus zielführend, sich auf diesen zu verlassen. Darüber hinaus ist ein konkretes Ziel – wie z. B. häufigere Beteiligung am Unterricht – gekoppelt an einen Zeitplan – wie ein erneutes Gespräch vor den Weihnachtsferien – hilfreich, um schnell eine Stagnation oder Veränderung zum Schlechten abzuwenden.

5.2.4 Entscheidung zur psychotherapeutischen Übergabe

Nach Beobachtung und Gespräch ist zum einen zu prüfen, ob die drei unter Kapitel 5.2.1 genannten Punkte der Leitfragen weiterhin vorliegen bzw. sich verändert haben.

Bei vorliegender Stabilität des Verhaltens (d. h. anhaltender Rückzug, anhaltende Verweigerung von aktiver Teilnahme am Unterricht etc.) ist es sinnvoll, in Rücksprache mit Eltern und Kind bzw. Jugendlichem*r eine Veränderung anzustreben.

Je nach Kontext kann die Wahl der Veränderungsstrategie anders aussehen: Sollten Schwierigkeiten insbesondere mit einzelnen Personen (z. B. Mitschüler*innen oder Lehrkräften) auftreten, sind diese Konflikte mit den Parteien zu besprechen und zu entschärfen. Sollte sich die Angst vor allem auf einzelne Fächer beziehen, ist eine Leistungsdiagnostik mit Abgrenzung von Teilleistungsstörungen sinnvoll, was wiederum eine Abklärung über Kinder- und Jugendlichenpsychotherapeut*innen oder Kinder- und Jugendpsychiater*innen erfordert. Sollten die Probleme interaktionell immer wieder in verschiedenen Situationen auftreten und keine direkte äußere Ursache für die Ängste zu vermuten sein, ist die Überprüfung der Diagnose einer Angststörung sinnvoll. Für diesen Schritt ist das Aufsuchen eines*r Kinder- und Jugendlichenpsychotherapeut*in notwendig.

Für die Diagnose einer Angststörung bzw. die Empfehlung, eine diagnostische Abklärung durchzuführen, ist es sinnvoll, zu überlegen und ob die Ängste im Vergleich zu anderen Schüler*innen in diesem Alter verstärkt auftreten und ob sie eine Beeinträchtigung (z. B. schlechtere Schulnoten, sozialer Rückzug) und/oder Leidensdruck mit sich bringen. Diese Punkte müssen nicht abschließend durch die Lehrkraft beurteilt werden, können aber helfen, eine klinisch-diagnostische Abklärung in die Wege zu leiten.

Merkmale, die für eine Psychotherapie sprechen (Beispiele)

- Die sozialen Ängste treten in verschiedenen Situationen stark bis sehr stark auf (z. B. im Unterricht, in der Pause, im Kontakt mit der Lehrkraft).
- Die sozialen Ängste verstärken sich im Laufe der Zeit.
- Die Schülerin bzw. der Schüler fehlt häufig.
- Die Leistung nimmt signifikant ab, insbesondere aufgrund einer schwachen mündlichen Leistung.
- Der*die Schüler*in zieht sich aus Freundschaften zurück.
- Das Kind oder der*die Jugendliche leidet stark unter den sozialen Ängsten
- Das Vermeidungsverhalten führt immer wieder dazu, dass wichtige schulische Entwicklungsschritte nicht bewältigt werden können.

6 Schulzentrierte Maßnahmen zur Unterstützung und Begleitung sozial ängstlicher Kinder und Jugendlicher

Im Bereich der klinischen Psychologie und Psychotherapie wurden verschiedene Behandlungsmethoden für Kinder und Jugendliche mit sozialen Ängsten entwickelt. Vor allem Methoden aus dem Bereich der kognitiven Verhaltenstherapie (KVT) wurden in vielen wissenschaftlichen Studien auf ihre Effekte hin überprüft, so dass ihre Wirksamkeit als gut belegt gelten kann. Die in diesem Kapitel dargestellten Methoden zur Behandlung von sozialen Ängsten bei Kindern und Jugendlichen basieren auf den Empfehlungen von nationalen und internationalen Leitlinien, insbesondere den Empfehlungen der Arbeitsgemeinschaft der Wissenschaftlichen Medizinischen Fachgesellschaften (AWMF[3]) und haben sich in wissenschaftlichen Studien als wirksam erwiesen. Die einzelnen Methoden werden in diesem Kapitel vorgestellt. Wenn ein Schüler oder eine Schülerin in Psychotherapie ist, werden in diesem Rahmen Übungen zum Abbau der sozialen Ängste geplant, die auch den schulischen Kontext betreffen können. Lehrkräfte, Schulsozialarbeiter*innen und Beratungslehrkräfte können in solchen Fällen bei der Umsetzung behilflich sein. Ein Austausch mit dem oder der Psychotherapeut*in ist oftmals sehr hilfreich und wird von Lehrkräften meist als sehr unterstützend und entlastend erlebt. Aber auch ohne eine begleitende Psychotherapie können einzelne Elemente solcher psychotherapeutischen Grundprinzipien und Methoden bei Kindern oder Jugendlichen mit leichten sozialen Ängsten modifiziert auch im schulischen Alltag angewendet werden. Daher werden in diesem Kapitel auch Ideen für den Einsatz solcher Methoden im schulischen Kontext aufgezeigt (z. B. im Rahmen von Beratungsgesprächen oder in Zusammenarbeit mit der Schulsozialarbeit). Oftmals geht es im schulischen Kontext aber eher um eine Begleitung der Kinder und Jugendlichen. Dabei ist es von großer Bedeutung, mit welcher Haltung Lehrkräfte den sozial ängstlichen Kindern und Jugendlichen begegnen. Eine ermutigende Grundhaltung ist eine gute Grundlage aller pädagogischen Interventionen in der Schule. Hinweise, wie in der Schule mit aufschie-

3 https://www.awmf.org/leitlinien/aktuelle-leitlinien.html

benden oder vermeidenden Verhaltensweisen umgegangen werden kann, finden sich im Absatz zu den Expositions- und Konfrontationsmethoden.

6.1 Die innere Haltung im pädagogischen Umgang mit sozial ängstlichen Schüler*innen

Wenn man im schulischen Kontext mit sozial ängstlichen Schüler*innen zu tun hat, ist es nicht immer einfach, die richtige innere Haltung gegenüber dem*der Schüler*in zu finden. Die Angst löst bei uns meist Mitgefühl und Mitleid aus. Das führt dazu, dass viele Lehrkräfte dem*der ängstlichen Schüler*in die angstauslösende Situation abnehmen, z. B. indem sie anbieten, das mündliche Referat auch schriftlich ausarbeiten zu können. Kurzfristig führt das natürlich zu einer Entlastung, da die angstvolle Vorstellung, vor der Klasse sprechen zu müssen, nun umgangen werden kann. Langfristig macht der*die Schüler*in jedoch nicht die Erfahrung, die Situation bewältigen zu können, angstbesetzte Gedanken, wie „Das kann ich nicht" oder „Die werden lachen", können nicht überprüft werden und manifestieren sich. Zur Überwindung der sozialen Angst ist es meist nicht hilfreich, die Situation zu vermeiden. Auf der anderen Seite sind viele sozial ängstliche Schüler*innen mit der sozialen Situation schlicht überfordert und durch die Angst so gehemmt, dass eine erfolgreiche Bewältigung sehr unrealistisch erscheint. In der Situation also „hart" zu bleiben und zu verlangen, dass der*die Schüler*in z. B. das Referat halten muss, führt somit oftmals auch zu einem Misserfolg, was die Angst ebenso verstärkt. Zudem wird sich der*die Schüler*in durch eine solche Haltung nicht verstanden fühlen, was eine gute Schüler-Lehrer-Beziehung nicht gerade fördert. Auch versuche, die Angst auszureden, indem man z. B. sagt: „Da brauchst Du doch keine Angst zu haben! Das wirst Du gut hinbekommen!", führen meist nicht zu einer Angstreduktion. Denn der*die Schüler*in hat ja Angst und die lässt sich nicht so einfach weg reden. Was also tun? Hilfreich ist in vielen Fällen ein Mittelweg, der auf der einen Seite Verständnis für die Ängste zeigt, ohne jedoch die schulische Anforderung abzunehmen. Angstbewältigung im schulischen Kontext heißt oft, dem*der Schüler*in einen Weg aufzuzeigen, wie er*sie die Situation bewältigen kann und ihn*sie dabei zu unterstützen und zu begleiten, ohne ihm*ihr die Situation abzunehmen. So könnte es ein möglicher Weg sein, dem*der Schüler*in mehr Zeit für das Referat einzuräumen und gleichzeitig auch nach Lösungs- und Bewältigungsmöglichkeiten zu suchen. Im Folgenden werden verhaltenstherapeutische Methoden vorgestellt, die sich in Forschungsstudien als wirksam erwiesen haben. Solche Methoden kommen in einer verhaltenstherapeutisch orientierten Psychotherapie oftmals zum Einsatz. Einzelne Elemente können aber auch im schulischen Kontext angewendet werden. Die einzelnen Methoden werden vorgestellt und um Ideen für die Anwendung im schulischen Alltag ergänzt. Nicht an allen Schulen wird die Umsetzbarkeit in vollem

Maße machbar sein. Je nach Schulsystem und Schulart stehen unterschiedliche Ressourcen zur Verfügung.

6.2.1 Psychoedukation zu sozialen Ängsten

Die Psychoedukation dient der Beratung und Aufklärung des Kindes, seiner Eltern und der Bezugspersonen. In einer verhaltenstherapeutischen Psychotherapie ist sie fester Bestandteil und wird meist zu Beginn durchgeführt. Dabei werden Informationen vermittelt, wie sich soziale Ängste zeigen, wie sie entstehen und was man gegen die Angst machen kann. Die Psychoedukation ist die Basis für alle weiteren pädagogischen Interventionsmaßnahmen, weil mit ihr ein gemeinsames Problemverständnis und ein Lösungsmodell für die Ängste erarbeitet werden. In vielen Fällen reicht die alleinige Psychoedukation als Maßnahme schon aus.

In Untersuchungen zur Häufigkeit sozialer Ängste geben bis zu 40 % aller Schüler*innen an, in sozialen Situationen oder Leistungssituationen ängstlich oder aufgeregt zu sein. Die Vermittlung von Informationen zu Gefühlen und die Möglichkeiten, diese zu regulieren, hat somit auch einen präventiven Aspekt.

Im schulischen Kontext können psychoedukative Inhalte zu Gefühlen und insbesondere zu Angst in Unterrichtseinheiten oder in Form von Projekttagen vermittelt werden, z. B. durch Klassenlehrer*innen in Stunden zum Austausch oder durch Schulsozialarbeiter*innen innerhalb spezieller Angebote. Die Schüler*innen machen durch den Austausch im Klassenverbund die Erfahrung, mit ihren Gefühlen nicht alleine zu sein. Im Grundschulalter können psychoedukative Informationen zu Angst auch gut über Kinderbücher wie z. B. „Kirsten Boje erzählt vom Angsthaben“ (Oettinger Verlag) oder dem schön illustrierten Sach- und Mitmachbuch „Huch, die Angst ist da!“ von Ulrike Légé und Fabian Grolimund (2021) vermittelt werden. Über die Geschichten kann man mit den Schüler*innen gut ins Gespräch kommen. Mit älteren Kindern und Jugendlichen kann der Austausch über Gefühle auch intensiver erfolgen, z. B. in Form von Projekttagen zu diesem Thema.

Aber auch im beraterischen Kontext im Einzelgespräch mit Schüler*innen (z. B. durch die Beratungslehrkräfte oder Schulsozialarbeiter*innen), können psychoedukative Elemente vermittelt werden. Hierzu können die Arbeitsblätter 1 und 2 oder der Ratgeber soziale Ängste und Leistungsängste von Büch, Döpfner und Petermann (2015b) zu Hilfe gezogen werden.

Vermittlung allgemeiner Informationen über Angst

Zu Beginn werden dem Kind oder deren Bezugspersonen allgemeine Informationen zu Gefühlen und speziell zu Angst gegeben. Angst ist ein Gefühl, wie Wut, Freude oder Trauer. Angst warnt uns Menschen vor Gefahren. Sie schützt uns, sodass wir in einer Gefahrensituation schnell fliehen können. Daher pocht das Herz auch schnell, wenn wir Angst haben oder aufgeregt sind, da der Körper zügig Energie bereitstellt. Oftmals wird hier auch eine evolutionsbiologische Sichtweise der Angst vermittelt. Angst hat sich im Laufe der Evolution des Menschen als wichtige Überlebensstrategie entwickelt, da sie uns warnt und schützt. Durch das Herausarbeiten dieser positiven Funktion von Angst wird die Angst des Kindes entpathologisiert.

Im Schulalltag können Schüler*innen in kleinen Übungen lernen, Gefühle zu erkennen, z. B. indem sie Situationen berichten, in denen sie verschiedene Gefühle hatten. Auch im Einzelberatungskontext können solche allgemeinen Informationen über das Gefühl „Angst" vermittelt und erarbeitet werden.

Aufrechterhaltung von sozialer Angst

Angst zeigt sich meist auf drei Manifestationsebenen: Auf der *physiologischen Ebene* zeigt sich Angst durch körperliche Angstsymptome wie z. B. Erröten, Schwitzen, Herzklopfen oder Zittern. Auch Bauchschmerzen können ein Symptom der Angst auf der körperlichen Ebene sein. Auf der *kognitiven Ebene* zeigt sich Angst durch Angstgedanken. Bei sozialen Ängsten haben die Kinder und Jugendlichen oftmals Befürchtungen, sich dumm anzustellen oder ausgelacht zu werden. Nach einer sozialen Situation stellen sich Kinder und Jugendliche oft die Frage, ob sie sich richtig verhalten haben und befürchten, dass andere schlecht über sie denken könnten. Auf der *Verhaltensebene* zeigt sich Angst meist durch ein Vermeidungsverhalten. Aufgrund der Befürchtungen halten sich sozial ängstliche Kinder oft zurück, bringen sich weniger aktiv ein oder vermeiden es, im Mittelpunkt zu stehen. Dadurch werden sozial ängstliche Kinder oft als schüchtern erlebt. Kurzfristig führt die Vermeidung zu einer Angstreduktion, langfristig werden die sozialen Ängste jedoch aufrechterhalten, da die Gedanken durch die Vermeidung nicht überprüft werden.

Im Schulalltag können Schüler*innen den Zusammenhang von Gedanken, physiologischer Reaktion von Angst und Verhalten erkennen, indem sie z. B. in kleinen Übungen anhand einer Situation, in der sie Angst hatten, versuchen, die Gedanken zu identifizieren und Angstsymptome im Körper zu beschreiben. Im nächsten Schritt können die Schüler*innen dann berichten, wie sie mit der angstauslösenden Situation umgegangen sind, also ob sie vermieden haben oder sich der Situation trotz der Angst gestellt haben. Das Arbeitsblatt 1 (siehe Anhang) kann dabei hilfreich sein.

Kinder im Grundschulalter berichten oft keine physiologischen Symptome der Angst. Auch haben sie oft Schwierigkeiten, Gefühle (z. B. „Da war ich sehr ängstlich!") und Gedanken (z. B. „Ich hatte Angst zu sterben!") zu unterscheiden. In solchen Fällen reicht es zu üben, Gedanken und Gefühle zu unterscheiden und den Zusammenhang von Gedanken, Gefühl und Verhalten zu verstehen (z. B. „Wenn ich mich melden möchte, denke ich, dass die Antwort falsch sein könnte und dann alle lachen. Wenn ich sowas denke, macht mir das Angst und ich melde mich lieber doch nicht!"). Jugendliche berichten dagegen öfter auch physiologische Symptome und können die einzelnen Situationen differenzierter beschreiben (z.B. „Wenn ich mich melden möchte, spüre ich oft, dass ich rot werden könnte und dann denke ich, dass die anderen das sehen und mich deshalb auslachen könnten, weil sie dann vielleicht denken, dass ich dumm oder verrückt bin und dann melde ich mich lieber nicht!").

Vermittlung von Bewältigungsmöglichkeiten

Anhand der drei Manifestationsebenen kann ein gemeinsames Angstmodell und ein Bewältigungsmodell abgeleitet werden. Oftmals bilden die drei Ebenen der Angst einen Teufelskreis: Durch die negativen Befürchtungen spürt das Kind oder der*die Jugendliche Angst im Körper, worauf es wiederum die Angst auslösende Situation vermeidet. Dadurch werden die negativen Gedanken nicht überprüft und korrigiert. Anhand dieses Teufelskreises der Angst werden mit den Kindern oder Jugendlichen Möglichkeiten erarbeitet, wie sie aus dem Teufelskreis ausbrechen können:

- *Gedanken überprüfen und verändern.* Auf der kognitiven Ebene können Kinder und Jugendliche sich Gedanken machen, die ihnen helfen, die Situation zu bewältigen. Mit Jugendlichen können auch komplexere aufrechterhaltende Kognitionen herausgearbeitet werden (z.B. „Ich bin langweilig") und auf ihre Richtigkeit hin überprüft werden (siehe Kapitel 6.2).
- *Soziale Kompetenzen üben.* Wenn das Kind nicht weiß, wie es eine soziale Situation adäquat bewältigen kann, ist es ratsam, soziale Kompetenzen, z.B. im Rollenspiel, zu üben.
- *Es trotz der Angst versuchen.* Auf der Verhaltensebene kann das Kind oder der*die Jugendliche motiviert werden, sich trotz der Angst der Situation zu stellen. So macht das Kind oder der*die Jugendliche die Erfahrung, dass die angstauslösenden Gedanken nicht stimmen und die Situation bewältigbar ist.

Im schulischen Kontext können solche psychoedukativen Informationen auch in kurzen Beratungsgesprächen vermittelt werden, unterstützend kann dabei das Arbeitsblatt 2 (Anhang) eingesetzt werden:

*Schüler*in:* Ich habe noch keinen Praktikumsplatz gefunden!
Lehrkraft: Woran scheitert es?
*Schüler*in:* Hab noch niemanden erreicht, der einen Platz hat.
Lehrkraft: Hast Du es denn schon versucht?
*Schüler*in:* Nee ...
Lehrkraft: Warum nicht? Was hält Dich davon ab?
*Schüler*in:* Weiß nicht. Das Anrufen ist blöd.

Lehrkraft: Was denkst Du denn, wenn Du Dir vorstellst, eine Praktikumsstelle anzurufen?
*Schüler*in:* Dass ich nicht weiß, was ich sagen kann und die dann schimpfen.
Lehrkraft: Diese Gedanken machen Dir Angst. Je mehr Du die Situation vermeidest, umso größer wird die Angst! Das ist ein Teufelskreis. Wie kannst Du da ausbrechen?
*Schüler*in:* Ich müsste es wahrscheinlich einfach mal versuchen.
Lehrkraft: Genau, nur so kannst Du herausfinden, ob Deine Befürchtungen richtig sind. Wie kannst Du Dich auf so ein Telefonat vorbereiten?
*Schüler*in:* Ich müsste mir überlegen, was ich da sage!
Lehrkraft: Das wäre bestimmt hilfreich. Wenn Du Unterstützung brauchst, helfe ich Dir dabei gerne.

6.2 Kognitive Methoden zur Umstrukturierung von Angst auslösenden Gedanken

Viele Kinder und Jugendliche mit sozialen Ängsten haben Befürchtungen, dass sie sich in einer sozialen Situation blamieren oder im Mittelpunkt der Aufmerksamkeit stehen könnten. Kognitive Methoden zielen darauf ab, die Angst auslösenden Gedanken zu identifizieren und zu verändern. Alle kognitiven Interventionen beruhen auf der Annahme, dass es nicht die Situation selbst ist, die Angst auslöst, sondern die Befürchtungen des Kindes oder des*der Jugendlichen. Meist sind es Gedanken wie z. B. „Die anderen lachen mich aus" oder „Die finden mich bestimmt langweilig" oder „Ich werde mich total blamieren". Diese Gedanken machen Angst, woraufhin sozial ängstliche Kinder oder Jugendliche die Situation oftmals vermeiden. Dadurch können die Gedanken nicht überprüft werden und manifestieren sich. Kognitive Methoden zur Bewältigung von Angst zielen darauf ab, diese Gedanken bewusst zu machen und zu überprüfen. Dies kann im Lehrkraft-Schüler*innengespräch durch gezielte Fragen geschehen:

Lena: Ich möchte das Gedicht morgen nicht aufsagen.
Lehrerin: Aber warum denn nicht?
Lena: Ich weiß nicht.
Lehrerin: Was weißt Du nicht?
Lena: Ich glaube, ich kann das nicht!
Lehrerin: Was kannst Du nicht?
Lena: Das vor der Klasse aufzusagen.
Lehrerin: Machst Du Dir Sorgen, dass es nicht gut werden wird?
Lena: Ich glaube schon.
Lehrerin: Worüber machst Du Dir denn Gedanken?

Lena:	Dass ich mich verhasple oder vor Aufregung alles vergesse.
Lehrerin:	Was würde denn passieren, wenn Du Dich verhaspelst?
Lena:	Dann würden alle lachen.
Lehrerin:	Okay, und dieser Gedanke macht Dir Angst?
Lena:	Ja!
Lehrerin:	Stimmt es denn, dass wirklich alle lachen würden, wenn Du Dich morgen verhaspelst?
Lena:	Nee, eigentlich ja nicht. Meine Freundin, die neben mir sitzt, würde bestimmt nicht lachen.
Lehrerin:	Also dann ist der Gedanke, der Dir solche Angst macht, vielleicht falsch.
Lena:	Und dann?
Lehrerin:	Hast Du einen anderen Gedanken, der Dir weniger Angst machen würde?
Lena:	Ich könnte denken, dass jeder mal Fehler macht und bestimmt nicht alle lachen.
Lehrerin:	Und was wäre dann mit der Angst?
Lena:	Die wäre dann kleiner!

Bei Grundschulkindern beschränken sich kognitive Methoden oft darin, den Angst auslösenden Gedanken auf seine Richtigkeit zu hinterfragen und ihm alternative Mut machende Gegengedanken gegenüberzustellen. Diese kann das Kind z. B. in eine Liste eintragen, siehe Arbeitsblatt 3 im Anhang.

Im Unterricht kann die Lehrkraft kurz vor der sozialen Aufgabe das Kind daran erinnern, sich die Mutgedanken zu sagen. Mit älteren Schüler*innen können die Angst auslösenden Gedanken hinterfragt werden. Dies geschieht mit einer Gesprächstechnik, die man „Sokratischer Dialog" nennt. Die Gesprächstechnik geht auf den griechischen Philosophen Sokrates zurück und hat das Ziel, die angstauslösenden Gedanken durch gezielte Fragen auf ihre Richtigkeit zu prüfen. Dabei soll der*die Jugendliche durch die Fragen selbst auf Widersprüche in seinem*ihrem Denken stoßen und erkennen, dass die Annahmen übertrieben oder unrealistisch sind. Die Fragen sollen anregen, über die Bedeutung und die Konsequenzen der Gedanken nachzudenken. Die folgenden Fragen können dabei eine Hilfestellung sein, eine sokratische Gesprächsführung zu nutzen:

Sokratische Fragen, um Angstgedanken in sozialen Situationen zu hinterfragen:

- Was könnte schlimmstenfalls passieren?
- Was wäre dann? Was würde dann passieren? (Befürchtungen ganz zu Ende denken)
- Was wäre so schlimm daran?

- Wie wahrscheinlich ist es, dass z. B. alle lachen, wenn Du etwas Falsches sagst?
- Ist das Dir schon einmal passiert ... z. B. dass alle gelacht haben? Haben wirklich alle gelacht? Was ist dann passiert? Wie bist Du damit umgegangen?

Lehrkraft: Was denkst Du, wenn Du Angst hast, Dich in der Pause zu den anderen zu gesellen?
Jugendliche: Ich denke, dass ich da eh nicht mitreden kann.
Lehrkraft: Warum kannst Du da nicht mitreden?
Jugendliche: Weiß nicht, kann da nichts zu sagen.
Lehrkraft: Und wenn Du was sagen würdest?
Jugendliche: Ach, die würden mich voll auslachen!
Lehrkraft: Warum würden die lachen?
Jugendliche: Na, weil ich so einen Stuss erzähle!
Lehrkraft: Du bist überzeugt, dass Du Stuss erzählen würdest und dann die anderen darüber lachen würden? Passiert Dir das denn häufiger?
Jugendliche: Nee, eigentlich nicht!
Lehrkraft: Warum solltest Du denn Stuss erzählen?
Jugendliche: Hm, gute Frage.
Lehrkraft: Vielleicht stimmt Deine Annahme gar nicht! Wie könntest Du das prüfen?
Jugendliche: Na, ich müsste es einfach mal probieren, was zu sagen.

Im schulischen Alltag müssen solche Gesprächstechniken nicht nur im längeren Einzelgespräch zum Einsatz kommen. Viele Gespräche finden in der Schule informell auf dem Pausenhof, im Flur oder nach der Unterrichtsstunde statt. Durch neugierige Fragen können pädagogische Fachkräfte sozial ängstliche Schüler*innen darin begleiten, angstauslösende Gedanken zu entdecken und diese zu verändern. Oder warum nicht mal vor den geplanten mündlichen Referaten mit der Klasse Mutmachsätze sammeln? Alle Schüler*innen könnten sich einen individuellen Mutmachsatz überlegen, ihn auf einen bunten Zettel schreiben und ihn am Tag des Referats in der Hosentasche tragen. Allerdings stehen nicht an allen Schulen gleichermaßen Ressourcen für solche Gespräche bereit. An Grundschulen haben Klassenlehrer*innen noch mehr Gelegenheiten für solche begleitenden pädagogischen Gespräche, während an weiterführenden Schulen den Fachlehrkräften weniger Raum dafür zur Verfügung steht. In solchen Fällen kann auf andere Strukturen wie z. B. Beratungslehrkräfte oder Schulsozialarbeiter*innen zurückgegriffen werden. Aber auch, wenn nur wenig Zeit für ausführliche Gespräche zur Verfügung steht, ist es möglich, die Ängste von Schüler*innen aufzugreifen und zu begleiten:

Lehrer: Sarah, Du hast ein tolles Referat gehalten! Ich habe den Eindruck, dass Du Dir im Vorhinein viele Gedanken und Sorgen gemacht hast, ob alles gut klappt?
Sarah: Ja, das stimmt!
Lehrer: Du hast meinen Respekt, dafür, dass Du Dich trotz Deiner Sorge, etwas falsch zu machen, hier hingestellt hast! Ich habe gespürt, wie aufgeregt Du warst. Haben sich diese Sorgen denn nun im Nachhinein als richtig erwiesen?
Sarah: Nein, eigentlich nicht!
Lehrer: Vielleicht kannst Du daraus lernen, dass Du beim nächsten Mal gelassener bleiben kannst und es trotzdem gut hinbekommen wirst!

6.3 Training sozialer Kompetenzen

Viele Kinder und Jugendliche wissen in sozialen Situationen nicht, wie sie sich adäquat verhalten sollen. Manche verhalten sich ungeschickt, sodass die Befürchtungen sich letztendlich sogar bewahrheiten. Im Rahmen einer verhaltenstherapeutisch orientierten Psychotherapie, aber auch bei vielen externen Angeboten der Jugendhilfe und der Beratungsstellen oder erlebnispädagogischen Angeboten können Kinder und Jugendliche soziale Kompetenzen erlernen. Oftmals finden solche Trainings im Gruppenkontext mit anderen Gleichaltrigen statt. Aber auch das Einüben von Kompetenzen im Rahmen einer Psychotherapie im Einzelsetting ist möglich. Im Rahmen der Diagnostik vor Beginn einer Psychotherapie wird geprüft, ob das Kind oder der*die Jugendliche über adäquate Kompetenzen für die Bewältigung der sozialen Situation verfügt. Dies kann in kleinen Rollenspielsequenzen getestet werden. Büch und Döpfner (2012) unterscheiden in ihrem sozialen Kompetenztraining Kompetenzen, um Kontakte zu knüpfen und solche, um Konflikte zu lösen. In der Schule muss es dabei nicht immer um ein stark strukturiertes Training sozialer Kompetenzen gehen, sondern auch das Wissen um diese im Alltag ist hilfreich. Oftmals werden Elemente aus solchen sozialen Kompetenztrainings im Rahmen der Schulsozialarbeit aufgegriffen und eingesetzt. An manchen Schulen finden auch Projekttage oder externe Angebote (z.B. Theatertage) statt, in denen soziale Kompetenzen vermittelt werden.

Bei *sozialen Kompetenzen, um Kontakte zu knüpfen* geht es darum, die Sympathie für sich zu gewinnen. Neben nonverbalen Strategien wie Blickkontakt herstellen, eine aufrechte Körperhaltung einnehmen und laut und deutlich sprechen, sind Strategien hilfreich, wie ein Gespräch einzuleiten, aufrechtzuerhalten und zu beenden ist. Dabei sollten altersgerechte Möglichkeiten gefunden werden. So schließen sich jüngere Kinder im Grundschulalter dem Spiel anderer oft an, indem sie in die Nähe der anderen gehen und das Spiel einfach aufgreifen bzw. in das Spiel mit einsteigen (Büch & Döpfner, 2012).

Strategien zur Bewältigung von Konflikten zielen darauf ab, sich abzugrenzen, seine eigenen Bedürfnisse zu äußern und dummen Sprüchen schlagfertig zu begegnen. Dabei ist es wichtig, ruhig zu bleiben und sich nicht aufzuregen. Im Umgang mit Geärgert werden haben sich Strategien bewährt, wie z. B. den anderen vorerst zu ignorieren oder mit humorvollen Antworten zu kontern. Auch ein einfaches „Warum?" oder „Was meinst Du damit?" passt oft auf viele dumme Sprüche (Büch & Döpfner, 2012).

Tabelle 7: Beispiele für soziale Kompetenzen, um Kontakte zu knüpfen (adaptiert nach Büch & Döpfner, 2012)

Soziale Kompetenzen, um Kontakte zu knüpfen
• Jemanden auf dem Schulhof grüßen • Jemandem ein Kompliment machen • Jemanden etwas fragen oder ein Gespräch führen • Sich anderen beim Spielen anschließen

Tabelle 8: Beispiele für soziale Kompetenzen, um Konflikte zu lösen (adaptiert nach Büch & Döpfner, 2012)

Soziale Kompetenzen, um Konflikte zu lösen
• Sich abgrenzen, Nein sagen • Einen Gefallen ablehnen • Ein anderes Spiel vorschlagen • Sich wehren, wenn man geärgert wird

Im Schulalltag lassen sich soziale Situationen gut üben, ohne ein komplettes Training für soziale Kompetenzen durchführen zu müssen. Häufig treten die Kinder mit Schwierigkeiten in sozialen Situationen an die Lehrkraft heran. Beispielsweise berichten Kinder einer Grundschulklasse oftmals im Klassenrat über Kontaktschwierigkeiten oder Konflikte in der Pause (siehe Arbeitsblatt 4 und 5 im Anhang). In diesem Fall kann die Lehrkraft dann ermuntern, bestimmte Situationen aufzusuchen.

Kinder: (nach der Pause): Wir haben in der Pause wieder keinen zum Spielen gefunden!

Lehrerin: Was habt Ihr denn gemacht, um jemanden zu finden?

Kinder: Wir haben uns zu den anderen gestellt, die haben uns aber nicht mitspielen lassen.

Lehrerin: Wir können ja mal besprechen, wie man sich anderen Kindern zum Spiel anschließt. Hat jemand eine Idee, was man da machen kann?

Kind:	Ich gehe immer in die Nähe von den anderen und schaue erst mal, was die spielen. Dann mache ich einfach mit.
Lehrerin:	Das ist eine gute Strategie. Wichtig ist, dass Ihr den anderen signalisiert, dass ihr mitspielen wollt. Wie könnt Ihr das zeigen?
Kind:	Man muss nah genug ran gehen, nicht zu weit weg stehen!
anderes Kind:	Man kann auch etwas zum Spiel sagen oder einfach mitmachen.

Im nächsten Schritt könnten die von den Kindern vorgeschlagenen Strategien in Rollenspielen ausprobiert und eingeübt werden. An weiterführenden Schulen können Projekte der Schulsozialarbeit helfen, den Klassenzusammenhalt zu stärken und soziale Kompetenzen für ein faires und soziales Miteinander einzuüben.

In Tabelle 9 sind beispielhafte Strategien für das Bewältigen von sozialen Kontakten oder Konfliktsituationen zusammengetragen.

Tabelle 9: Überblick über soziale Situationen und sozial kompetente Strategien

Soziale Kompetenz	Strategien
Grüßen	• Freundlich schauen • Aufrecht stehen und den anderen anschauen • Laut und deutlich sprechen
Ein Gespräch führen	• Grüßen, Gespräch beginnen • Ein geeignetes Thema wählen • Eine Frage stellen oder • Etwas von sich erzählen
Sich anderen zum Spielen anschließen	• In die Nähe der anderen gehen • Das Spiel imitieren • Mitspielen
Nein sagen/etwas ablehnen	• Laut und deutlich sprechen • Sagen, was man nicht möchte • Bei seiner Meinung bleiben • Sich nicht rechtfertigen
Sich wehren	• Ignorieren • Laut „Stopp, lass das“ sagen • Mit Humor reagieren
Sich einer Gruppe anschließen	• Sich dazustellen und zuhören • Etwas fragen • Selbst etwas erzählen

Oftmals reicht es schon, die sozialen Kompetenzen im Gespräch zu erarbeiten (z. B. Was kannst Du tun, um mehr Kontakt zu den anderen zu bekommen?). Viele ängstliche Kinder und Jugendliche fühlen sich sicherer, wenn sie konkrete Strategien an die Hand bekommen, wie sie eine soziale Situation meistern können und trauen sich dann eher, das mal auszuprobieren. Allerdings müssen soziale Kompetenzen oftmals geübt werden und können nicht gleich auf Anhieb umgesetzt werden. Das Einüben von sozialen Kompetenzen kann im Klassenverband gut in Kleingruppen in Rolllenspielen erfolgen. Dazu werden im ersten Schritt die sozialen Kompetenzen zur Bewältigung der sozialen Situation erarbeitet. Danach können die Kompetenzen im Rollenspiel schrittweise eingeübt werden. Wichtig bei der Durchführung solcher kleinen Rollenspielen, in denen soziale Situationen nachgespielt werden, ist die Auswertung. Um abwertende Kommentare von Schüler*innen zu vermeiden, sollten vorher Feedbackregeln zur Auswertung der Rollenspiele erarbeitet werden. Solche Feedbackregeln beinhalten, dass zuerst der*die Schüler*in zu Wort kommt, die im Rollenspiel eine neue Strategie ausprobiert hat. Hilfreich ist es, wenn er*sie mit etwas Positivem beginnt und sagt, was er*sie gut gemacht hat. Im zweiten Schritt können die anderen Rollenspielmitspieler*innen ein Feedback geben. Auch sie sollten zuerst etwas Positives sagen, was der*die andere gut gemacht hat und dann ein oder zwei Verbesserungsvorschläge machen. Im nächsten Schritt kann das Rollenspiel noch einmal durchgeführt werden. Zuvor wiederholt der*die Schüler*in noch einmal die Verbesserungsvorschläge der anderen und sagt, was er*sie sich im nächsten Durchgang vornehmen möchte. Danach kann das Rollenspiel erneut durchgeführt werden. Das soziale Kompetenztraining wird solange durchgeführt, bis das erwünschte Verhalten eingesetzt werden kann.

Über Wochenaufgaben kann ein Transfer in den Schulalltag gewährleistet werden. Dabei überlegt sich der*die Schüler*in eine Aufgabe, die er*sie in der nächsten Woche im Schulalttag üben kann (z. B. Ein kurzes Referat vor der Klasse halten). Die Aufgabe sollte möglichst konkret erarbeitet werden (z. B. „Ich möchte die anderen anschauen und laut und deutlich reden.“).

Feedbackregeln zur Durchführung von Rollenspielen bei der Einübung von sozialen Kompetenzen, beispielsweise nach Referaten

1. Der oder die Schüler*in, die im Rollenspiel etwas Neues ausprobiert hat, sagt zuerst, was er*sie gut gemacht hat!
2. Die anderen Mitschüler*innen geben ein Feedback. Dabei sagen sie zuerst, was der*die Schüler*in gut gemacht hat. Dann können ein bis zwei Tipps gegeben werden, was er*sie noch besser machen kann.
3. Die neuen Tipps können in einem weiteren Rollenspiel ausprobiert werden. Dabei wiederholt der oder die Schüler*in, der*die etwas Neues ausprobieren möchte vor dem Rollenspiel noch mal konkret, was er*sie anders machen möchte.

4. Das Rollenspiel wird nochmal durchgeführt. Das Rollenspiel wird nach der Durchführung wieder mit Hilfe der Punkte 1 und 2 besprochen.

Bei Jugendlichen können altersgerechte Situationen eingeübt werden, z. B. wie sie ein Telefonat führen können, um in einer Firma nach einem Praktikumsplatz zu fragen.

In vielen Klassen kommt es zwischen einzelnen oder mehreren Schüler*innen zu sozialen Konflikten. Kinder und Jugendliche mit sozialen Ängsten nehmen sich das, was andere über sie sagen, oftmals sehr zu Herzen. Sie denken oftmals, dass sie etwas falsch gemacht haben oder etwas falsch an ihnen ist, anstatt das Gesagte als blöden Spruch abzutun. Wenn solche sozialen Konflikte über längere Zeit anhalten, können daraus Ausgrenzungs- oder Bullyingsituationen entstehen. Daher ist es hilfreich, solche Konflikte frühzeitig im Klassenverband zu thematisieren und Regeln für ein faires und soziales Miteinander zu erarbeiten. Oftmals merken die Kinder und Jugendlichen gar nicht, dass sie mit ihren Sprüchen oder Bemerkungen andere Schüler*innen verletzen. Da sich sozial ängstliche Kinder und Jugendliche das Gesagte oft zu Herzen nehmen, kommen sie wiederum nicht auf die Idee, das Verhalten der anderen anzusprechen. Im Klassenverband kann z. B. im Rahmen eines Klassenrates das soziale Miteinander gestärkt werden. Dabei ist es hilfreich, wenn die Lehrkraft in der Klasse das Verhalten einordnet. An vielen Schulen gibt es Regeln für ein respektvolles Miteinander. Für sozial ängstliche Kinder und Jugendliche ist es hilfreich zu hören, dass das Verhalten der anderen verletzend ist und nicht etwas an ihnen falsch ist. Lassen sich im Rahmen des Klassenrats soziale Konflikte nicht lösen, können andere Ressourcen wie z. B. die Schulsozialarbeit hinzugezogen werden. In einem solchen Rahmen können z. B. auch für typische Konfliktsituationen zwischen den Jugendlichen mögliche schlagfertige Antworten oder Lösungsstrategien in Rollenspielen eingeübt werden.

6.4 Expositions- oder Konfrontationstechniken

Exposition oder Konfrontation ist eine verhaltenstherapeutische Technik, bei der die Kinder und Jugendlichen sich den sozialen Situationen stellen und sie aushalten, ohne sie zu vermeiden. Man unterscheidet die Exposition in vivo (in der Realität) von der Exposition in sensu (in der Vorstellung, z. B. durch Imaginationsübungen). Das klassische Therapierational der Exposition und Konfrontation ist das der Habituation. Dabei soll das Kind die Erfahrung machen, dass die Angst sinkt, wenn es sich der Situation stellt und diese trotz der Angst aushält. Expositions- und Konfrontationsmethoden sind zur Bewältigung von sozialen Ängsten sehr wirksam und kommen in einer verhaltenstherapeutischen Psychotherapie oftmals zum Einsatz. In vielen Studien konnte die Effektivität dieser Methoden nachgewiesen werden. Neben der Habituation, also der Gewöhnung, geht es bei Expositions- und Konfrontationsmethoden oftmals auch darum, erwartungsverletzende neue Erfahrungen zu machen, also zu merken, dass die befürchtete Konsequenz nicht eintritt.

Als Vorbereitung auf eine Exposition oder Konfrontation wird im Rahmen einer Psychotherapie eine Angsthierarchie erstellt. Dazu werden die Angst auslösenden sozialen Situationen nach ihrer Schwierigkeit sortiert. Metaphern wie ein Berg, den es mit Zwischenstationen zu erklimmen gilt oder eine Leiter sind beliebte Bilder. Die Kinder schätzen das Ausmaß der Angst auf einer Skala (z. B. 0–10) ein. Wichtig ist, dass das Kind das Therapierational der Exposition gut verstanden hat. Es wird vermittelt, dass das Vermeidungsverhalten zwar kurzfristig die Angst reduziert, langfristig die Symptomatik aber aufrechtherhält. Daraus wird das Expositionsmodell abgeleitet, indem gemeinsam erarbeitet wird, dass die Angst langfristig sinkt und weggeht, wenn man sich wiederholt mit der sozialen Situation konfrontiert und dadurch die Erfahrung macht, dass die befürchteten Konsequenzen nicht eintreten.

In der Regel wird bei Kindern und Jugendlichen ein graduiertes Vorgehen gewählt. Dabei wird mit einer Situation mit geringer bis mittlerer Angststärke begonnen und dann die Intensität Schritt für Schritt gesteigert.

Wenn im Rahmen einer Psychotherapie Expositions- oder Konfrontationsmethoden geplant und durchgeführt werden, kann dies auch schulische Situationen umfassen. So kann in der Psychotherapie geplant werden, wie sich das Kind oder der oder die Jugendliche einer schulischen Situation stellen kann. Die Situationen können vorab mit der Lehrkraft abgesprochen werden. Dabei ist es wichtig, solche Situationen zu wählen, deren Bewältigung für das Kind realistisch sind und die im schulischen Alltag auch umgesetzt werden können. Andersherum gibt es im schulischen Kontext jedoch auch Aufgaben, die für den oder die Schülerin Angst auslösend sein können (z. B. einen Vortrag halten oder sich einen Praktikumsplatz suchen). In einem solchen Fall kann in einer laufenden Psychotherapie die schulische Aufgabe Anlass sein, um Expositionsübungen zu planen und durchzuführen, die das Ziel haben, dass der oder die Schüler*in am Ende die schulische Aufgabe bewältigen kann.

Im schulischen Kontext können Expositionsprinzipien zur Bewältigung sozialer Ängste gut zum Einsatz kommen. Dabei ist vor allem die Vorbereitung auf die Übung wichtig. Das Kind oder der*die Jugendliche muss verstanden haben, warum es sich lohnt, sich der Angst zu stellen. Sehr schön wird das Prinzip der Exposition in dem Kinderbuch „Selina, Pumpernickel und die Katze Flora“ von Susi Bohda (Carl Auer Verlag) beschrieben. Auch muss sichergestellt sein, dass das Kind über die nötigen Kompetenzen verfügt (siehe Kapitel 6.3). Zur Planung von konkreten Übungen können die Arbeitsblätter 6 und 7 im Anhang verwendet werden. Dies kann z. B. in einem Einzelgespräch erarbeitet werden. Wenn die Übungssituation noch zu Angst auslösend ist und sich das Kind oder der*die Jugendliche nicht zutraut, es trotz der Angst zu versuchen, kann die Situation noch weiter graduiert werden. So könnte das Ziel, im Erzählkreis etwas zu berichten, in kleinere Teilziele unterteilt werden (z. B. erst einen und dann zwei Sätze sagen). Auch ist es hilfreich, die Situation so gut wie möglich vorzustrukturieren (z. B. „Beim ersten Mal suchst Du Dir ein Ereignis vom Wochenende, über das Du einen Satz sagen möchtest und beim zweiten Mal erzählst Du uns noch, warum Du die Situation ausgesucht hast.“).

Beispiele für Expositionsübungen in der Schule

- Ein Referat halten
- Trotz Angst in die Schule gehen
- Am Sport oder Schwimmunterricht teilnehmen
- Sich im Unterricht melden
- Etwas fragen, wenn das Kind etwas nicht verstanden hat
- Im Morgen- oder Erzählkreis etwas sagen

Im Beratungskontext in der Schule können mit dem*der Schüler*in Ziele zur Überwindung der sozialen Ängste vereinbart werden. Aus den Zielen lassen sich konkrete Übungen ableiten, die der*die Schüler*in in der nächsten Woche üben könnte. So kann mit dem*der Schüler*in in regelmäßigen Abständen reflektiert werden, inwieweit es gelungen ist, mutiger zu werden. Auch hierzu können die Arbeitsblätter 6 und 7 verwendet werden.

Lehrkraft: Wir haben beim Elternsprechtag mit deinen Eltern ja überlegt, dass es schön wäre, wenn Du Dich im Unterricht aktiver im Klassengeschehen zeigen könntest. Ich würde heute mit Dir ein Ziel vereinbaren und konkrete Übungen überlegen, wie Du das Ziel erreichen kannst. Hast Du eine Idee für ein gutes Ziel?

*Schüler*in:* Ich möchte mutiger werden und im Unterricht mehr sagen.

Lehrkraft: Das ist ein schönes Ziel, schau mal, das schreiben wir hier gleich mal in das Arbeitsblatt. Was könntest Du denn nächste Woche tun, um dem Ziel etwas näher zu kommen?

*Schüler*in:* Ich könnte mich mehr melden.

Lehrkraft: Das würde ich natürlich sehr begrüßen. Oft motiviert es, wenn man sich etwas vornimmt und sich ein konkretes Ziel setzt. Was denkst Du denn, wie oft pro Stunde könntest Du versuchen, Dich zu melden?

*Schüler*in:* Ich denke, zwei Mal würde ich zu Beginn versuchen.

> *Lehrkraft:* Das finde ich toll. Schau mal, das schreiben wir auch gleich auf. Also, Du versuchst, Dich pro Stunde zwei Mal zu melden und nächste Woche besprechen wir zusammen, wie gut es geklappt hat.
>
> *Schüler*in:* O.K.

Wie kann man Schritt für Schritt zum Ziel gelangen? Konfrontationsübungen werden in der Regel graduiert angegangen. Kinder und Jugendliche mit sozialen Ängsten vermeiden oftmals viele Situationen, die Angst auslösend sind. Wenn es im schulischen Kontext gelingt, das Vermeidungsverhalten zu durchbrechen, kann das einen wichtigen Beitrag in der Bewältigung von sozialen Ängsten darstellen. Dabei sind oftmals kleine Schritte notwendig, um zum Ziel zu kommen. Eine ermutigende Grundhaltung ist die Basis, um sozial ängstlichen Schüler*innen einen Weg aufzuzeigen, sich den alltäglichen schulischen Anforderungen zu stellen, anstatt sie zu vermeiden und ihnen aus dem Weg zu gehen. Angst löst bei Mitmenschen oftmals einen Impuls aus, die*den Schüler*in zu beschützen. Das ist auch richtig, wenn wirklich Gefahr besteht, z. B. wenn das Kind immer wieder von anderen geärgert wird. Ist die Angst jedoch unbegründet, sollte das Kind bestärkt werden, die Situation trotz der Angst zu bewältigen.

Das Thema „Krankschreiben“ bei sozialen Ängsten

Viele Kinder und Jugendliche haben so große Angst vor einer sozialen Situation, dass sie sich nicht vorstellen können, die Situation zu bewältigen. Lehrkräfte werden häufig mit der Frage konfrontiert, ob der*die Schüler*in nicht von der Situation befreit werden kann. Wenn es sich um eine längerfristige Situation handelt (z. B. dass ein Kinder längere Zeit nicht am Schwimmunterricht teilnehmen mag) oder um eine wichtige schulische Leistung (z. B. ein Referat im Rahmen einer Abschlussprüfung), fordern viele Schulen dafür ein ärztliches Attest ein. Aber auch bei vielen kleineren Situationen muss immer wieder abgewogen werden, ob man dem Vermeidungsverhalten statt gibt oder als Lehrkraft konsequent einfordert, dass die schulische Situation trotz der Angst gemeistert werden muss. Dabei steckt man häufig in einem Dilemma. Fordert man etwas ein, was die*der Schüler*in dann wegen der Ängste nicht schafft, wird er*sie es als Misserfolg verbuchen. Löst man hingegen die Situation, indem man den Ängsten nachgibt und den oder die Schüler*in entlastet, vermeidet man letztendlich auch die Konfrontation mit der Angst und signalisiert dem oder der Schüler*in (unbewusst), dass man es ihr oder ihm nicht zutraut. Aus verhaltensanalytischer Sicht werden soziale Ängste aufrechterhalten, wenn man die Angst auslösenden Situationen vermeidet. Daher ist es immer die beste Lösung, wenn es gelingt, die*den Schüler*in zu motivieren, sich trotz der Angst der Situation zu stellen. Im schulischen Alltag wird dies jedoch nicht immer sofort gelingen. Daher sind Zwischenschritte zum Ziel oftmals nötig und auch sinnvoll. Vor allem, wenn nicht mehr viel Zeit ist und die Angst auslösende Situation nicht aufgeschoben werden kann, kann eine kurzfristige Entlastung Druck herausnehmen und die notwendige Motivation schaffen, die Situation langfristig doch noch zu bewältigen. So kann es durchaus sinnvoll sein, dass ein*e Schüler*in ein Referat zu einem späteren Zeitpunkt hält und man die Zeit nutzt, um Lernstrategien zur Vorbereitung und hilfreiche Gedanken zur Bewältigung zu erarbeiten. Unter diesem Aspekt kann es im Einzelfall auch notwendig und sinnvoll sein, dass ein*eine Arzt*Ärztin den*die Schüler*in eine Zeitlang durch ein Attest von der Angst auslösenden Situation befreit. Dies sollte aber immer gut überlegt und nur für eine kurze Zeit erfolgen. Wichtig ist, dass die Befreiung in einen Gesamtplan eingebettet ist, der zum Ziel hat, den*die Schüler*in zu unterstützen, die schwierige Situation bewältigen zu können. Als Begründung für die Befreiung sollte nicht die Angst („weil die Angst zu groß ist"), sondern die Zeit („damit wir mehr Zeit haben, in der Du es üben kannst") genannt werden.

Im Schulalltag können mit dem*der Schüler*in Übungen vereinbart werden, in denen er*sie sich den sozialen Situationen stellt und versucht, die Angst auszuhalten. Schwierige Situationen können in leichtere Unterschritte unterteilt und Schritt für Schritt geübt werden. Das nennt man ein graduiertes Vorgehen.

Beispiel für eine schrittweise Exposition in der Schule

- Gedicht vor der Lehrkraft aufsagen
- Gedicht vor zwei Kindern aufsagen
- Gedicht vor der Klasse aufsagen

Während einer Übung zeigt der*die Schüler*in oftmals Zeichen von Angst und versucht, die Situation wieder zu vermeiden. Es besteht die Gefahr, dass die Lehrkraft in der Situation die Angst des Kindes selbst nicht gut aushalten kann und sich von ihr leiten lässt. Das ist in vielen Situationen nicht hilfreich. Auch wenn instinktiv der Handlungsimpuls besteht, den*die Schüler*in zu beschützen und zu entlasten, sollte dies nur geschehen, wenn die Situation ohne Hilfe nicht bewältigt werden kann. Daher hat es sich als hilfreich erwiesen, dem*der Schüler*in in der Übungssituation erst einmal Zeit zu geben, die Situation selbst zu bewältigen und ihn*sie aufzumuntern und zu motivieren, es weiter zu versuchen. Das erfordert Geduld von der Lehrkraft, die sich aber oftmals auszahlt. Folgende Leitsätze können bei der Anleitung zu solchen Konfrontationsübungen hilfreich sein:

So unterstützen Sie Schüler*innen bei der Bewältigung der Angst:

- Nehmen Sie dem*der Schüler*in das, wovor er*sie Angst hat, nicht ab, sondern helfen Sie ihm*ihr, seine*ihre Ängste zu überwinden.
- Wenn Sie bemerken, dass ein*e Schüler*in in einer Situation Angst hat, halten Sie sich anfangs zurück.

- Helfen Sie dem*der Schüler*in, ein kompetentes Verhalten in der schwierigen Situation zu zeigen.
- Reden Sie dem*der Schüler*in die Angst nicht einfach aus, sondern helfen Sie ihm*ihr, mutmachende Gedanken zu entwickeln.
- Vermeiden Sie in der Übungssituation lange Gespräche oder Diskussionen über die Angst.
- Wenn Sie merken, dass ein*e Schüler*in eine Situation vermeidet, ermutigen Sie ihn*sie die Situation zu meistern.
- Loben Sie den*die Schüler*in, wenn er*sie eine Situation bewältigt hat.

(Modifiziert nach Büch & Döpfner, 2012)

6.5 Besonderheiten im Umgang mit Leistungsängsten

Leistungsängste sind eine besondere Form der sozialen Angst (siehe Kapitel 2.5.1). Ebenso wie Interaktionen sind auch Leistungssituationen zwischenmenschliche Situationen. Diese sind jedoch weniger durch freie Interaktion gekennzeichnet und stellen die Bewertung der (schulischen) Leistung direkt in den Mittelpunkt. Personen mit Leistungsängsten sorgen sich vor allem, von der Lehrkraft schlecht bewertet zu werden, also eine schlechte Note zu bekommen oder zu versagen. Leistungssituationen lassen sich nicht gut vermeiden, weil dann ja die Befürchtung (schlechte Note) erst recht eintrifft. Daher werden Leistungssituationen oft unter Angstsymptomen ertragen. Im Umgang mit leistungsängstlichen Schüler*innen haben sich einige besondere pädagogisch-psychologische Strategien bewährt.

6.5.1 Lernstrategien zur gezielten Vorbereitung

Tipp

Diese Strategien können auch mit Eltern und Sorgeberechtigten geteilt werden.

Weil der Gedanke an die Leistungssituation oft große Angst auslöst, vermeiden viele leitungsängstliche Schüler*innen, sich ausreichend auf die Situation vorzubereiten oder mit dem Lernen anzufangen. Andere Schüler*innen lernen exzessiv und versuchen, so die Angst zu kontrollieren. Manche leistungsängstlichen Schüler*innen wissen auch nicht, wie sie effektiv lernen können. Daher ist es hilfreich, den Schüler*innen effektive Lernstrategien beizubringen und die Motivation zum Lernen zu erhöhen. Lehrkräfte können Schüler*innen dabei z.B. mit einem Lernplan unterstützen, der konkrete Aufgabenblöcke zur Vorbereitung enthält. So könnte gezielt besprochen werden, was der*die Schüler*in lernen soll. Je konkreter so ein Lernplan aussieht, desto besser dient er auch der Motivation. Denn viele leistungsängstliche Schüler stehen der Vorbereitung wie ein „Ochs vorm Berg" gegenüber. Oftmals überlegen sie sich, *was* sie tun müssen, ohne zu planen, *wann* sie es tun. Daher sollte ein guter Lernplan immer auch konkrete Zeitfenster beinhalten, welche Lerninhalte an welchen Tagen gelernt werden. Wenn die Lerninhalte in kleine Aufgabenblöcke unterteilt werden, erscheint das Vorhaben schon viel machbarer und konkreter. So ein Lernplan könnte in der Schule regelmäßig besprochen werden.

Oftmals werden die Lerninhalte nicht genügend vertieft und verinnerlicht. Wenn dann die Aufregung in der Leistungssituation dazu kommt, können die gelernten Dinge plötzlich nicht mehr abgerufen werden. Daher ist es hilfreich, die Aufgaben immer wieder zu wiederholen. Beim Auswendiglernen sollten die Aufgaben in der Reihenfolge verändert werden (z. B. Vokabeln lernen).

Auf der anderen Seite gibt es jedoch auch Schüler*innen, die viel zu viel lernen, obwohl sie den Lernstoff eigentlich beherrschen. Sie haben die kognitive Fehlannahme, dass die Situation nur so bewältigt werden kann. In solchen Fällen ist es für den*die Schüler*in hilfreich, sich zwischenzeitlich zu entspannen, ausreichend Pausen einzulegen und sich Mutgedanken zu machen wie: „Ich habe ausreichend gelernt, ich werde das morgen schaffen".

Zur Vorbereitung auf mündliche Leistungssituationen, wie z. B. ein Referat, kann der Vortrag vor dem Spiegel gehalten werden oder auf einem Smartphone aufgenommen werden. So kann der*die Schüler*in üben, frei und sicher zu sprechen.

6.5.2 Positive Selbstverbalisation in der Leistungssituation

Während einer Leitungssituation (Prüfung, schriftliche Arbeit oder Referat) haben viele leistungsängstliche Schüler*innen Angstgedanken. Dies sind Gedanken, die meist um die eigene Unzulänglichkeit und den unvermeidbaren Misserfolg kreisen. Typische Gedanken sind beispielsweise: „Die Aufgaben sind viel zu schwierig!" „Ich werde wieder eine schlechte Note schreiben" oder „Das habe ich gar nicht genug gelernt!". Solche Gedanken halten den*die Schüler*in davon ab, die Aufgaben zu bearbeiten. Oftmals grübeln die Schüler*innen viele Minuten über den Misserfolg nach, bevor sie überhaupt versuchen, eine Aufgabe zu lösen. Dadurch fehlt ihnen oftmals Zeit. Um die Aufmerksamkeit und Konzentration eher auf das Lösen der Aufgaben zu lenken, wäre es hilfreicher, wenn sich der*die Schüler*in im Vorhinein aufgabenrelevante Gedanken überlegt und diese zu Beginn der Leistungssituation abruft. Beispiele für solche funktionalen Gedanken finden sich in Tabelle 10.

Tabelle 10: Übersicht über dysfunktionale und zugehörige alternative Gedanken in Leistungssituationen. Modifiziert nach Suhr-Dachs & Döpfner (2015)

Dysfunktionale Leistungsangstgedanken	Alternative funktionale Gedanken
• Die Aufgaben sind viel zu schwierig!	• Ich habe mich gut vorbereitet!
• Ich werde wieder total versagen.	• Ich versuche es jetzt Schritt für Schritt und fange mit den leichteren Aufgaben an!
• Wenn ich die Arbeit auch noch verhaue, schaffe ich das Schuljahr nicht!	• Keine Panik, ich mache es jetzt, so gut ich kann!
• Ich habe nicht genug gelernt!	• Ich konzentriere mich auf die Aufgaben und löse sie der Reihe nach!
• Was soll nur aus mir werden?	• Was ist die Aufgabe? Was soll ich tun?

Lehrkräfte können mit Schüler*innen solche hilfreichen Sätze im Klassenkontext sammeln und auf Karteikarten schreiben lassen. Lerneinheiten zur richtigen Vorbereitung oder zum Umgang mit Leistungsängsten sollten im schulischen Kontext immer wieder eingebaut werden. Dabei könnten die Schüler*innen Plakate erstellen, die anschließend aufgehängt werden, sodass sie während der Leistungssituationen sichtbar sind. Für manche Schüler*innen kann es zudem hilfreich sein, die Aufgaben der Arbeit in kleinen Portionen auszugeben. Dies hilft den Schüler*innen die Aufmerksamkeit auf die Aufgabe zu lenken, die sie gerade bearbeiten, ohne sich durch Gedanken über weitere Aufgaben ablenken zu lassen.

6.6 Die Zusammenarbeit mit Eltern von sozial ängstlichen Kindern und Jugendlichen

Der Austausch und die Zusammenarbeit mit den Eltern von sozial ängstlichen Schüler*innen ist hilfreich. Im ersten Schritt sollte der Austausch zwischen Lehrkräften und Eltern im Mittelpunkt stehen. So ist es interessant und hilfreich zu wissen, ob das Kind nur in der Schule sozial ängstlich reagiert oder ob die Eltern dies auch zu Hause oder in anderen Situationen beschreiben. Der Eindruck, den das Kind oder der*die Jugendliche in der Schule macht, sollte den Eltern anhand von konkreten Beispielsituationen rückgemeldet werden. Im nächsten Schritt kann mit den Eltern gemeinsam ein Plan zur Überwindung der sozialen Ängste erarbeitet werden. Da viele Eltern von sozial ängstlichen Kindern selbst solche Ängste kennen, reagieren sie oftmals sehr (über)behütend. Das kann sich auch im Gespräch mit der Schule zeigen. So kann es passieren, dass Eltern von der Schule fordern, das Kind zu entlasten und von den Angst auslösenden Situationen zu befreien. In solchen Fällen ist es hilfreich, den Eltern zu verdeutlichen, dass eine solche Strategie zwar kurzfristig wirksam und nachvollziehbar ist aber langfristig dem Kind nicht helfen wird, seine Angst zu überwinden. Die Lehrkräfte in der Schule können somit auch eine korrigierende Sichtweise auf die Probleme einnehmen, indem sie deutlich machen, dass sie es dem*der Schüler*in zutrauen, die Angst zu überwinden. Ziel des Gesprächs kann neben dem Austausch über das Auftreten und den Verlauf der sozialen Ängste auch ein gemeinsames Vorgehen zur Überwindung der Ängste sein. So können weitere Ziele vereinbart oder Hilfestellungen überlegt werden. Für das Kind oder den*die Jugendliche*n kann es eine große Stütze sein, wenn Schule und Elternhaus Hand in Hand zusammenarbeiten. Dabei geht es auch darum, die Motivation zu fördern und das Vermeidungsverhalten zu durchbrechen. Ein Verstärkerplan oder eine regelmäßige Rückmeldung über die erreichten (Teil-)Schritte kann dabei sehr motivierend wirken. Eine regelmäßige Rückmeldung kann entweder im persönlichen Gespräch mit den Eltern und dem*der Schüler*in erfolgen oder in Form von Rückmeldekarten, auf denen die Ziele festgehalten werden und die Lehrkraft notiert, inwieweit es an dem Tag oder der Woche gelungen ist, das Ziel zu erreichen. Bei jüngeren Kindern sollten kleinere Zeiteinheiten gewählt werden (tägliche Rückmeldung), bei Jugendlichen kann auch eine wöchentliche Rückmeldung ausreichend sein. Auch kann überlegt werden, inwieweit außerschulische Hilfen zur Überwindung der Ängste empfohlen werden. Das kann z. B. die Integration in einen Verein oder eine Jugendgruppe sein oder die Empfehlung einer Psychotherapie (siehe Kapitel 6.7).

6.7 Weitere schulische und außerschulische Unterstützungs- und Fördermöglichkeiten

Beratungslehrkräfte und Schulsozialarbeiter*innen

An vielen Schulen gibt es Beratungslehrkräfte und/oder Schulsozialarbeiter*innen.

Beratungslehrkräfte sind Lehrkräfte, die von Schulpsycholog*innen für eine pädagogisch-psychologische Beratung von Schülerinnen und Schülern wie auch Eltern ausgebildet werden. Aufgabenbereiche sind u. a. die Beratung und Unterstützung von Schülerinnen und Schülern sowie deren Eltern in der Bewältigung des Schulalltags, z. B. bei Unsicherheiten, Prüfungsängsten und Schulabsentismus.

Schulsozialarbeiter*innen sind oft an Schulen tätig und bringen dort ihre sozialpädagogischen Kompetenzen ein. So bieten sie u. a. Einzelfallhilfe, Beratung und Gruppenangebote für Schüler*innen an, vermitteln aber auch zwischen Schüler*in, Schule und Eltern.

Sowohl Beratungslehrkräfte als auch Schulsozialarbeiter*innen können in der Schule Kinder und Jugendliche mit sozialen Ängsten unterstützen.

Schulpsychologische Beratungsstellen

Die an den schulpsychologischen Beratungsstellen tätigen Schulpsycholog*innen unterstützen Lehrkräfte und Schulaufsicht bei pädagogisch-psychologischen Fragestellungen. Kinder und Jugendliche sowie deren Eltern können sich in den Schulpsychologischen Beratungsstellen wegen sozialer Ängste in der Schule Beratung und Unterstützung holen. In der Regel führen die Schulpsycholog*innen eine ausführliche Diagnostik durch und beraten im Umgang mit Ängsten. Dies entspricht zum größten Teil dem hier beschriebenen Vorgehen.

Erziehungsberatungstellen

Eltern von Kinder mit sozialen Ängsten können die Unterstützung von Erziehungsberatungsstellen in Anspruch nehmen. Die von städtischen, kirchlichen oder gemeinnützigen Trägern angebotene Beratung richtet sich somit in erster Linie an die Eltern und die Familie. Bei sozialen Ängsten kann eine Erziehungsberatungsstelle somit vor allem dann hilfreich sein, wenn die Ängste nicht nur im schulischen sondern auch im familiären Kontext auftreten.

Psychotherapie

Im schulischen Kontext kann nur die Begleitung von sozialängstlichen Kindern und Jugendlichen im Fokus stehen, nicht aber die psychotherapeutischen Behandlung. Wenn sich die sozialen Ängste immer mehr manifestieren und der Leidensdruck steigt, sollte eine psychotherapeutische Unterstützung bei einem*einer Kinder- und Jugendlichenpsychotherapeut*in empfohlen werden.

Hinweise zur Empfehlung einer Psychotherapie

- Der schulische Alltag kann über einen längeren Zeitraum nicht adäquat bewältigt werden.
- Es besteht bei dem*der Schüler*in über mehr als 6 Monate ein spürbarer Leidensdruck.
- Bisherige Versuche der pädagogischen Begleitung haben keinen Erfolg gebracht.
- Es kommt zu schulabstinenten Verhalten (viele Fehltage).
- Das Vermeidungsverhalten weitet sich immer mehr aus.

- Die Ängste sind nicht auf den schulischen Bereich beschränkt, sondern erstrecken sich auf mehrere Lebensbereiche.
- Es ist im schulischen Alltag ein durchgängiges Muster an schüchternen Verhaltensweisen zu beobachten (z. B. Kind fängt immer wieder an zu weinen, ist im Kontakt mit Mitschüler*innen schüchtern und vermeidend und hat Angst, sich zu melden oder im Unterricht etwas zu sagen).

Zu Beginn einer Psychotherapie stehen die sogenannten Sprechstunden zur Verfügung, in denen der*die Kinder- und Jugendlichenpsychotherapeut*in diagnostizieren kann, ob eine soziale Angststörung in klinischem Ausmaß vorliegt und eine psychotherapeutische Behandlung indiziert ist. Dazu nimmt der*die Kinder- und Jugendlichenpsychotherapeut*in in der Regel auch Kontakt zur Schule auf, um sich ein Bild von den Ängsten im schulischen Alltag machen zu können. Auch Fragebögen können hilfreich sein, um das Ausmaß sozialer Ängste und begleitende Probleme im schulischen Alltag im Vergleich zu anderen Kindern und Jugendlichen einschätzen zu können. Nach der Diagnosestellung beginnt die Behandlung. Dabei ist der Austausch und die Kooperation mit den Eltern und der Schule oftmals unablässig und ein wichtiger Behandlungsausbaustein. Weitere Hinweise zu den verschiedenen Verfahren, die von den Krankenkassen bezahlt werden, finden sich in Band 2 der Reihe „Psychologie im Schulalltag: Emotionale Störungen und Verhaltensauffälligkeiten“ von Silvia Schneider und Lukka Popp (2019).

Sonderschulpädagogischer Förderbedarf mit dem Schwerpunkt sozial-emotionales Lernen

„Sonderpädagogischer Förderbedarf ist bei Kindern und Jugendlichen mit Beeinträchtigungen der emotionalen und sozialen Entwicklung, des Erlebens und der Selbststeuerung anzunehmen, wenn sie in ihren Bildungs-, Lern- und Entwicklungsmöglichkeiten so eingeschränkt sind, dass sie im Unterricht der allgemeinen Schule auch mithilfe anderer Dienste nicht hinreichend gefördert werden können“[4]. Somit sollten vor der Einleitung eines sonderschulpädagogischen Förderbedarfs alle oben beschriebenen Beratungs- und Unterstützungsangebote ausgeschöpft werden. Bei starken sozialen Ängsten, z. B. mit damit einhergehender längerer Schulabstinenz, kann die Einleitung eines Verfahrens zur Feststellung eines sonderpädagogischen Förderbedarfs angezeigt sein. Dies trifft auch auf Schüler*innen zu, die zusätzlich noch andere Lernschwierigkeiten im schulischen Alltag haben und eine intensivere Unterstützung brauchen.

4 https://www.kmk.org/fileadmin/veroeffentlichungen_beschluesse/2000/2000_03_10-FS-Emotionale-soziale-Entw.pdf (abgerufen am 27.09.2020)

Die Feststellung des sonderpädagogischen Förderbedarfs umfasst die Ermittlung des individuellen Förderbedarfs sowie die Entscheidung über den Bildungsgang und den Förderort. Das Verfahren zur Feststellung des sonderpädagogischen Förderbedarfs kann von den Eltern, der Schule oder gegebenenfalls von anderen zuständigen Diensten beantragt werden.

6.8 Zusammenfassung

In diesem Kapitel werden Methoden zur Behandlung von sozialen Ängsten bei Kindern und Jugendlichen vorgestellt. Die vorgestellten Methoden basieren auf den Empfehlungen von internationalen und nationalen Leitlinen und haben sich in wissenschaftlichen Studien als wirksam erwiesen. Zu den wirksamsten Behandlungsmethoden für soziale Ängste im Kindesalter gehört die kognitive Verhaltenstherapie. Im Rahmen dieser Therapie werden Elemente wie Psychoedukation von Kindern, Jugendlichen und Familien, kognitive Interventionen, verhaltensaufbauende Maßnahmen und die Konfrontationstherapie eingesetzt. In diesem Kapitel wird aufgezeigt, wie verhaltenstherapeutische Prinzipien im Schulalltag zum Einsatz kommen können. Die einzelnen Interventionen zur Unterstützung und Begleitung sozial ängstlicher Kinder und Jugendlicher in der Schule werden ausführlich dargestellt. Auch die Kooperation mit außerschulischen Beratungs- und Behandlungsmöglichkeiten, wie z. B. Psychotherapie wird aufgezeigt, sowie die Möglichkeiten der sonderpädagogischen Förderung dargestellt.

7 Ausblick

Soziale Ängste gehören zu den häufigsten Ängsten im Kindes- und Jugendalter. Sie sind gekennzeichnet durch die Furcht, sich gegenüber fremden Personen peinlich zu verhalten oder sich zu blamieren und im Fokus der Aufmerksamkeit zu stehen. In der Schule treten soziale Ängste zum einen in mündlichen Leistungssituationen wie z. B. sich melden oder etwas vortragen auf, zum anderen aber auch in Situationen, in denen die Kinder und Jugendlichen untereinander interagieren und die Lehrkräfte oftmals gar nicht mit involviert sind. Daher werden soziale Ängste im schulischen Alltag oftmals erst spät oder gar nicht erkannt. Da die Angst vor negativer Bewertung bei der sozialen Angst im Mittelpunkt steht und die Bewertung einer schulischen Leistung ein wichtiger Bestandteil des schulischen Alltags ist, stellen soziale Ängste im schulischen Kontext die Lehrkräfte oftmals vor große Herausforderungen. Das Vermeidungsverhalten als wichtiges Merkmal sozialer Angst kann auch Lehrkräfte unter Druck setzen oder hilflos machen. Hier ist eine innere Haltung hilfreich, welche die Ängste des Kindes oder des*der Jugendlichen auf der einen Seite sieht und versteht, ihr*ihm auf der anderen Seite jedoch die Angst auslösende Situation nicht abnimmt. Dieses Buch möchte dazu beitragen, soziale Ängste im schulischen Kontext zu erkennen und einzuordnen. Es werden Gesprächsführungstechniken vermittelt, die helfen, mit sozial ängstlichen Kindern und Jugendlichen über die Angst ins Gespräch zu kommen. Natürlich können und sollen Lehrkräfte soziale Ängste in der Schule nicht behandeln. Wenn die soziale Angst zu einem hohen Leidensdruck führt und ein klinisches Ausmaß annimmt, kann sie sich zu einer sozialen Angststörung entwickeln, die einer psychotherapeutischen Behandlung bedarf. Im schulischen Alltag treten jedoch häufig subklinische soziale Ängste auf. Diese Ängste zu erkennen und den*die Schüler*in in einer angemessenen Entwicklung zu fördern, gehört mit zu den Aufgaben pädagogischen Handelns. Dieses Buch möchte erstmalig bewährte Methoden in der psychotherapeutischen Behandlung von sozialen Ängsten auf den schulischen Alltag übertragen. Solche Methoden können die pädagogische Förderung von Schüler*innen mit sozialen Ängsten in der Schule bereichern und zu einer gemeinsamen Haltung von Lehrkräften, Eltern und Vertretern aus dem Beratungskontext oder dem medizinischen Gesundheitssystem führen. So werden Unterstützungsmöglichkeiten beschrieben, die dem Kind oder dem*der Jugendlichen helfen können, die Angst zu überwinden. Aber auch Hinweise, wann eine psychotherapeutische Behandlung eingeleitet werden sollte, werden dargestellt. Ein wichtiges Anliegen der Autor*innen dieses Buches ist es, die Zusammenarbeit zwischen dem Gesundheitssystem und dem Schulsystem zu verbessern. Die klinische Erfahrung in der Behandlung von sozialen Ängsten zeigt häufig, dass es sehr hilfreich ist, dort anzusetzen, wo die sozialen Ängste auftreten. Somit hat es sich in einer Psychotherapie sehr bewährt, mit Lehrkräften zusammenzuarbeiten und gemeinsam Interventionen in der Schule zu planen und durchzuführen. Somit soll das Buch Hilfestellung leisten, soziale Ängste im schulischen Kontext häufiger und früher zu erkennen und ihnen durch pädagogische, psychologische und psychotherapeutische Methoden zu begegnen. Lehrkräfte können dabei einen wichtigen Beitrag leisten.

7.1 Relevanz sozialer Ängste im Schulkontext

Soziale Ängste sind eng mit dem Schulalltag verbunden. Wie wir in diesem Buch zeigen, stellt die Schule den Rahmen dar, in dem sich soziale Ängste zeigen können (z. B. Absinken der Leistung, Verweigerung mündlicher Mitarbeit), in dem sie entstehen können (z. B. durch Bullying-Situationen), in dem sie aber auch reduziert werden können (z. B. über angemessene Förderung in angstbezogenen Situationen).

7.2 Möglichkeiten der externen Unterstützung

Betroffenen Kindern, Jugendlichen und deren Eltern können ein*e Schulsozialarbeiter*in, ein*e Schulpsycholog*in oder Beratungslehrkräfte oft weiterhelfen. Auch können sie sich bei Beratungsstellen für Familie, Ehe und Lebenskrisen zunächst niederschwellig informieren. Sollten die sozialen Ängste sehr stark ausgeprägt sein und Alltag und Wohlbefinden gravierend beeinträchtigen, steht psychotherapeutische Unterstützung zur Verfügung. Ein erster Schritt, auf diese zuzugehen, findet sich in der Regel über die jeweilige Krankenkasse (vgl. auch Band 1 der Reihe). Lehrkräfte können Schüler*innen unterstützen, indem sie aufmerksam für soziale Ängste sind, betroffene Kinder und Jugendliche angemessen fordern und fördern sowie bei Bedarf weiterverweisen. Keinesfalls liegt es im Aufgabenbereich von Lehrkräften, eine Psychotherapie zu ersetzen. Die Unterstützung der Psychotherapie in der Schule hilft jedoch enorm, den Transfer aus dem therapeutischen in das alltägliche Umfeld zu erleichtern. Kinder- und Jugendlichenpsychotherapeut*innen sind somit dankbar für die Zusammenarbeit mit betroffenen Lehrkräften.

7.3 Erwartungen und Entwicklungen im Umgang mit sozialen Ängsten im Schulkontext

Da Schüler*innen mit sozialen Ängsten im Schulalltag oft nicht auffallen bzw. nahezu „eins mit der Umgebung werden“ – was von den Betroffenen durchaus gewünscht ist –, ist die Wahrnehmung der Ängste und das Wissen um mögliche Unterstützung eine sehr wichtige Aufgabe von Lehrkräften.

Die Erhöhung des Anteils lokaler Schulpsycholog*innen und Schulsozialarbeiter*innen ist ein wichtiger Schritt in der schnellen und niederschwelligen Unterstützung von betroffenen Kindern und Jugendlichen. Generell kann der schulische Rahmen gut dafür genutzt werden, auch allgemein über (soziale) Ängste zu sprechen, da diese jedes Kind und jede*r Jugendliche kennt. Eine Normalisierung des Phänomens (z. B. Aufregung vor einem Referat) ist somit hilfreich.

In der Zusammenarbeit mit Eltern, außerschulischen Institutionen (Jugendamt etc.) und medizinischem Gesundheitspersonal (Kinder- und Jugendlichenpsychotherapeut*innen, Kinderärzt*innen etc.) stehen Lehrkräfte immer wieder vor (zeitlichen) Herausforderungen. Oft erschweren systembezogene Hürden, d. h. unklare Ansprechpartner*innen oder fehlendes Wissen über mögliche Hilfekonzepte, den interdisziplinären Austausch. In diesem Kontext soll dieses Buch eine erste Brücke zu der gesundheitsbezogenen Versorgung herstellen.

7.4 Erwartungen und Entwicklungen im Umgang mit sozialen Ängsten in der psychotherapeutischen Versorgung

Auch Erwartungen an das Gesundheitssystem (in Verbindung zum Schulsystem) sollen an dieser Stelle kurz umrissen werden. Die psychotherapeutische Versorgung von Kindern und Jugendlichen (sowie auch von Erwachsenen) mit psychischen Störungen ist häufig unzureichend. Lange Wartezeiten auf Therapieplätze erhöhen die Frustration und Belastung von Betroffenen, Familien und dem (schulischen) System. Ein wichtiger Schritt kann daher das frühzeitige Erkennen von Ängsten und die Unterstützung sein, bevor Ängste klinisch relevant werden.

Präventionsmaßnahmen[5]

Primäre Prävention

Primäre Prävention zielt darauf ab, die Entstehung von Krankheiten zu verhindern. Viele Krankheiten (z. B. Herz-Kreislauf-Erkrankungen, aber auch psychische Krankheiten) können durch eine gesundheitsbewusste Lebensweise – unterstützt von gesundheitsfördernden Lebensbedingungen – vermieden, verzögert oder in ihrem Verlauf günstig beeinflusst werden. Ein Beispiel für eine

5 https://www.bundesgesundheitsministerium.de/service/begriffe-von-a-z/p/praevention.html (abgerufen am 27.09.2020)

primäre Prävention sind Impfungen. Im psychischen Bereich können Programme zum generellen Umgang mit Stress in Schulen genannt werden.

Sekundäre Prävention

Sekundäre Prävention ist auf die Früherkennung von Krankheiten gerichtet. Erkrankungen sollen zu einem möglichst frühen Zeitpunkt erkannt werden, um so eine frühzeitige Therapie einleiten zu können. Ein Beispiel für eine sekundäre Prävention ist eine Behandlung einer Krebserkrankung im Frühstadium. Im psychischen Bereich könnte Kindern und Jugendlichen bei Auftreten einer massiven Stresssituation (z. B. konfliktreiche Trennung der Eltern) eine Unterstützung gewährt werden.

Universelle Prävention

Universelle Prävention ist auf Gruppen der Normalbevölkerung ausgerichtet, die sowohl gefährdete als auch risikoarme Personen umfassen. Im psychischen Bereich sind dies z. B. Aufklärungsangebote der Bundeszentrale für gesundheitliche Aufklärung zu Essstörungen. Hier wird allgemein über Risikofaktoren aufgeklärt sowie Tipps zur psychischen Gesundheit gegeben.

Indizierte Prävention

Indizierte Prävention richtet sich an gefährdete Individuen, die bereits Auffälligkeiten zeigen. Im psychischen Bereich könnte dies die Unterstützung von Kindern und Jugendlichen sein, die bereits hohe Ängste ausgebildet haben.

Unter Umständen wären breite Präventionsangebote zur universellen Prävention von psychischen Störung hilfreich, sind jedoch häufig aus verschiedenen Gründen nicht umsetzbar (fehlende zeitliche und finanzielle Ressourcen, geringe Motivation der breiten Bevölkerung an Präventionsangeboten teilzunehmen) und teilweise auch nicht sinnvoll, da die Maßnahmen zu breit wären. Aus diesem Grund ist eine indizierte Prävention, d. h. eine Prävention, die bei Auftreten von Belastung greift, z. B. die schulpsychologische Unterstützung, hilfreich (vgl. Kapitel 6.7).

Die Psychotherapie an sich befindet sich in einer konstanten Weiterentwicklung, um beispielsweise Patient*innen, die nicht von einer Psychotherapie profitieren, bessere Therapiemaßnahmen zukommen lassen zu können. Neuere Forschungsansätze zielen auf individuelle Verläufe ab und versuchen, den Therapieverlauf vorherzusagen und frühzeitig weitere Möglichkeiten aufzuzeigen, wenn jemand von der klassischen Psychotherapie nicht profitiert.

Literatur

Aldao, A., Nolen-Hoeksema, S. & Schweizer, S. (2010). Emotion-regulation strategies across psychopathology: A meta-analytic review. *Clinical Psychology Review, 30*(2), 217–237. https://doi.org/10.1016/j.cpr.2009.11.004

Asbrand, J., Svaldi, J., Krämer, M., Breuninger, C. & Tuschen-Caffier, B. (2016). Familial accumulation of social anxiety symptoms and maladaptive emotion regulation. *PLoS ONE, 11*(4), 1–14. https://doi.org/10.1371/journal.pone.0153153

Beidel, D.C. & Turner, S.M. (2007). *Shy children, phobic adults: Nature and treatment of social anxiety disorder*. American Psychological Association. https://doi.org/10.1037/11533-000

Beidel, D.C., Turner, S.M., & Morris, T.L. (1995). A new inventory to assess childhood social anxiety and phobia: The Social Phobia and Anxiety Inventory for Children. *Psychological assessment, 7*(1), 73.

Beidel, D.C., Turner, S.M. & Morris, T.L. (1999). Psychopatholgy of childhood social phobia. *Journal of the American Academy of Child & Adolescent Psychiatry, 38*(6), 643–650. https://doi.org/10.1097/00004583-199906000-00010

Bögels, S.M. & Phares, V. (2008). Fathers' role in the etiology, prevention and treatment of child anxiety: A review and new model. *Clinical Psychology Review, 28*(4), 539–558. https://doi.org/10.1016/j.cpr.2007.07.011

Bögels, S.M., Alden, L., Beidel, D.C., Clark, L.A., Pine, D.S., Stein, M.B. & Voncken, M. (2010). Social anxiety disorder: Questions and answers for the DSM-V. *Depression and Anxiety, 27*(2), 168–189. https://doi.org/10.1002/da.20670

Büch, H. & Döpfner, M. (2012). *Soziale Ängste: Therapieprogramm für Kinder und Jugendliche mit Angst- und Zwangsstörungen (THAZ) – Band 2*. Göttingen: Hogrefe.

Büch, H., Döpfner, M. & Petermann, U. (2015a). *Soziale Ängste und Leistungsängste. Leitfaden Kinder und Jugendpsychotherapie*. Band 20. Göttingen: Hogrefe.

Büch, H., Döpfner, M. & Petermann, U. (2015b). *Ratgeber soziale Ängste und Leistungsängste. Informationen für Betroffene, Eltern, Lehrer und Erzieher*. Göttingen: Hogrefe.

Burstein, M., He, J.P., Kattan, G., Albano, A.M., Avenevoli, S. & Merikangas, K.R. (2011). Social phobia and subtypes in the National Comorbidity Survey-Adolescent Supplement: Prevalence, correlates, and comorbidity. *Journal of the American Academy of Child and Adolescent Psychiatry, 50*(9), 870–880. https://doi.org/10.1016/j.jaac.2011.06.005

Carducci, C.S. & Zimbardo, P.G. (1995). Are you shy? *Psychology Today, 28*(11/12), 34–40, 64, 66, 68.

Cartwright-Hatton, S., Hodges, L. & Porter, J. (2003). Social anxiety in childhood: The relationship with self and observer rated social skills. *Journal of Child Psychology and Psychiatry, and Allied Disciplines, 44*(5), 737–742. https://doi.org/10.1111/1469-7610.00159

Cartwright-Hatton, S., Tschernitz, N. & Gomersall, H. (2005). Social anxiety in children: Social skills deficit, or cognitive distortion? *Behaviour Research and Therapy, 43*(1), 131–141. https://doi.org/10.1016/j.brat.2003.12.003

Castelao, C.F., Kolbeck, S. & Ruhl, U. (2017). *SASKO-J: Fragebogen zu sozialer Angst und sozialen Kompetenzdefiziten Version für Jugendliche: Manual.* Göttingen: Hogrefe.

Chavira, D.A., Stein, M.B., Bailey, K. & Stein, M.T. (2004). Comorbidity of generalized social anxiety disorder and depression in a pediatric primary care sample. *Journal of Affective Disorders, 80*(2–3), 163–171. https://doi.org/10.1016/S0165-0327(03)00103-4

Chavira, D.A., Stein, M.B. & Malcarne, V.L. (2002). Scrutinizing the relationship between shyness and social phobia. *Journal of Anxiety Disorders, 16*(6), 585–598. https://doi.org/10.1016/S0887-6185(02)00124-X

Chorpita, B.F. & Barlow, D.H. (1998). The development of anxiety: the role of control in the early environment. *Psychological Bulletin, 124*(1), 3–21. https://doi.org/10.1037/0033-2909.124.1.3

Clark, D.M. & Wells, A. (1995). A cognitive model of social phobia. In R.G. Heimberg, M. Liebowitz, D. Hope & F. Scheier (Eds.), *Social phobia: Diagnosis, assessment, and treatment* (pp. 69–93). Guilford Press.

Cole, P.M., Martin, S.E., & Dennis, T.A. (2004). Emotion regulation as a scientific construct: Methodological challenges and directions for child development research. *Child development, 75*(2), 317–333.

Coplan, R.J., Hughes, K., Bosacki, S. & Rose-Krasnor, L. (2011). Is silence golden? Elementary school teachers' strategies and beliefs regarding hypothetical shy/quiet and exuberant/talkative children. *Journal of Educational Psychology, 103*(4), 939–951. https://doi.org/10.1037/a0024551

Cummings, C.M., Caporino, N.E. & Kendall, P.C. (2014). Comordbidity of anxiety and depression in children and adolescents : 20 years after. *Psychological Bulletin, 140*(3), 816–845. https: //doi.org/10.1037/a0034733

Doey, L., Coplan, R.J. & Kingsbury, M. (2014). Bashful boys and coy Girls: A review of gender differences in childhood shyness. *Sex Roles, 70*(7–8), 255–266. https://doi.org/10.1007/s11199-013-0317-9

Donovan, C.L. & Spence, S.H. (2000). Prevention of childhood anxiety disorders. *Clinical Psychology Review, 20*(4), 509–531. https://doi.org/10.1016/S0272-7358(99)00040-9

Döpfner, M. & Görtz-Dorten, A. (2017). *DISYPS-III: Diagnostik-System für psychische Störungen nach ICD-10 und DSM-5 für Kinder und Jugendliche-III.* Göttingen: Hogrefe.

Döpfner, M., Plück, J. & Kinnen, C. (2014). *CBCL/6-18R-TRF/6-18R-YSR/11-18R: Deutsche Schulalter-Formen der Child Behavior Checklist von Thomas M. Achenbach: Elternfragebogen über das Verhalten von Kindern und Jugendlichen (CBCL/6-18R), Lehrerfragebogen über das Verhalten von Kindern und Jugendlichen (TRF/6-18R), Fragebogen für Jugendliche (YSR/11-18R).* Göttingen: Hogrefe.

Döpfner, M., Schnabel, M., Goletz, H. & Ollendick, T.H. (2006). *PHOKI: Phobiefragebogen für Kinder und Jugendliche.* Göttingen: Hogrefe.

Eisenberg, N., Fabes, R.A., Shepard, S.A., Guthrie, I.K., Murphy, B.C. & Reiser, M. (1999). Parental reactions to children's negative emotions: Longitudinal relations to quality of children's social functioning. *Child Development, 70*(2), 513–534. https://doi.org/10.1111/1467-8624.00037

Fahy, A.E., Stansfeld, S.A., Smith, N.R., Smuk, M., Cummins, S. & Clark, C. (2015). Involvement in cyberbullying and adolescent mental health and well-being: Longitudinal results from the Olympic Regeneration in East London Study. *Revista Debates Em Psiquiatria, Ano 5*, 20–27.

Fend, H. (2005). *Entwicklungspsychologie des Jugendalters* (3. Aufl.). Opladen: Leske + Budrich.

Filipp, S.H. & Aymanns, P. (2018). *Kritische Lebensereignisse und Lebenskrisen: Vom Umgang mit den Schattenseiten des Lebens.* Kohlhammer Verlag.

Fuhrer, U. (2007). *Erziehungskompetenz. Was Eltern und Familien stark macht*. Bern: Huber.

Gilbert, P. (2001). Evolution and social anxiety: The role of attraction, social competition, and social hierarchies. *Psychiatric Clinics, 24*(4), 723–751.

Ginsburg, G.S., Riddle, M. a. & Davies, M. (2006). Somatic symptoms in children and adolescents with anxiety disorders. *Journal of the American Academy of Child and Adolescent Psychiatry, 45*(10), 1179–1187. https://doi.org/10.1097/01.chi.0000231974.43966.6e

Grant, B.F., Hasin, D.S., Blanco, C., Stinson, F.S., Chou, S.P., Goldstein, R.B. & Huang, B. (2005). The epidemiology of social anxiety disorder in the United States: results from the National Epidemiologic Survey on Alcohol and Related Conditions. *The Journal of Clinical Psychiatry, 66*, 1351–1361. https://doi.org/10.4088/JCP.v66n1102

Greca, A.M. La & Harrison, H.M. (2005). Adolescent peer relations, friendships, and romantic relationships: Do they predict social anxiety and depression? *Journal of Clinical Child and Adoelscent Psychology, 34*(1), 49–61. https://doi.org/10.1207/s15374424jccp3401_5

Gross, J.J. & Feldman Barrett, L. (2011). Emotion generation and emotion regulation: One or two depends on your point of view. *Emotion Review, 3*(1), 8–16. https://doi.org/10.1177/1754073910380974

Ham, L.S., Bonin, M. & Hope, D. a. (2007). The role of drinking motives in social anxiety and alcohol use. *Journal of Anxiety Disorders, 21*(8), 991–1003. https://doi.org/10.1016/j.janxdis.2006.10.014

Havighurst, R.J. (1948). *Developmental tasks and education*. University of Chicago Press.

Heerey, E.A. & Kring, A.M. (2007). Interpersonal consequences of social anxiety. *Journal of Abnormal Psychology, 116*(1), 125–134. https://doi.org/10.1037/0021-843X.116.1.125

Hirshfeld-Becker, D.R., Micco, H.A., Wang, C.H. & Henin, A. (2014). Behavioral inhibition: A discrete precursor to social anxiety disorder? In J.W. Weeks (Ed.), *The Wiley Blackwell handbook of social anxiety disorder* (pp. 133–158). Wiley Blackwell. https://doi.org/10.1002/9781118653920.ch7

Hjemdal, O. (2007). Measuring protective factors: The development of two resilience scales in Norway. *Child and Adolescent Psychiatric Clinics of North America, 16*, 303–321. https://doi.org/10.1016/j.chc.2006.12.003

Hoch, E. (2019). Substanzkonsumstörung. In S. Schneider & J. Margraf (Eds.), *Lehrbuch der Verhaltenstherapie Band 3* (2. Auflage, pp. 809–830). Heidelberg: Springer. https://doi.org/10.1007/978-3-662-57369-3_44

Hudson, J.L. & Dodd, H.F. (2012). Informing early intervention: Preschool predictors of anxiety disorders in middle childhood. *PloS One, 7*(8), e42359. https://doi.org/10.1371/journal.pone.0042359

Hudson, J.L., Dodd, H.F. & Bovopoulos, N. (2011). Temperament, family environment and anxiety in preschool children. *Journal of Abnormal Child Psychology, 39*(7), 939–951. https://doi.org/10.1007/s10802-011-9502-x

İçellioğlu, S. & Özden, M.S. (2014). Cyberbullying: A new kind of peer bullying through online technology and its relationship with aggression and social anxiety. *Procedia – Social and Behavioral Sciences, 116*, 4241–4245.

In-Albon, T. (2011). *Kinder und Jugendliche mit Angststörungen: Erscheinungsbilder, Diagnostik, Behandlung, Prävention*. Stuttgart: Kohlhammer.

Kagan, J., Reznick, J.S., Snidman, N. & April, I. (1988). Biological bases of childhood shyness. *Science, 240*, 167–171. https://doi.org/10.1126/science.3353713

Kashani, J.H. & Orvaschel, H. (1990). A community study of anxiety in children and adolescents. *American Journal of Psychiatry, 147*, 313–318. https://doi.org/10.1176/ajp.147.3.313

Kaufman, A.S. & Kaufman, N.L. (2015). *Kaufman Assessment Battery For Children – Second Edition*. Göttingen: Hogrefe

Klemanski, D.H., Curtiss, J., McLaughlin, K.A. & Nolen-Hoeksema, S. (2017). Emotion regulation and the transdiagnostic role of repetitive negative thinking in adolescents with social anxiety and depression. *Cognitive Therapy and Research, 41*(2), 206–219. https://doi.org/10.1007/s10608-016-9817-6

La Greca, A.M., Ehrenreich-May, J., Mufson, L. & Chan, S. (2016). Preventing adolescent social anxiety and depression and reducing peer victimization: Intervention development and open trial. *Child and Youth Care Forum, 45*(6), 905–926. https://doi.org/10.1007/s10566-016-9363-0

Last, C.G., Perrin, S., Hersen, M. & Kazdin, A.E. (1992). DSM-III-R Anxiety disorders in children: Sociodemographic and clinical characteristics. *Journal of the American Academy for Child and Adolescent Psychiatry, 31*(6), 1070–1076. https://doi.org/10.1097/00004583-199211000-00012

Légé, U. & Grolimund, F. (2021). *Huch, die Angst ist da! Wie sich Kinder und Eltern mit ihrem Angst-Monster aussöhnen können*. Göttingen: Hogrefe.

Lieb, R., Wittchen, H.-U., Höfler, M., Fuetsch, M., Stein, M.B. & Merikangas, K.A. (2000). Parental psychopathology, parenting styles, and the risk of social phobia in offspring: A prospective-longitudinal community study. *Archives of General Psychiatry, 57*(9), 859–866. https://doi.org/10.1001/archpsyc.57.9.859

Majdandžić, M., Lazarus, R.S., Oort, F.J., Sluis, C. van der, Dodd, H.F., Morris, T.M., de Vente, W., Byrow, Y., Hudson, J.L. & Bögels, S.M. (2017). The structure of challenging parenting behavior and associations with anxiety in Dutch and Australian children. *Journal of Clinical Child and Adolescent Psychology, 00*(00), 1–14. https://doi.org/10.1080/15374416.2017.1381915

Margraf, J., Cwik, J.C., Pflug, V. & Schneider, S. (2017). Structured clinical interviews for mental disorders across the lifespan: Psychometric quality and further developments of the DIPS Open Access interviews. [Strukturierte klinische Interviews zur Erfassung psychischer Störungen über die Lebensspanne: Gütekriterien und Weiterentwicklungen der DIPS-Verfahren.] *Zeitschrift für Klinische Psychologie und Psychotherapie, 46*(3).

Masten, A.S., Burt, K.B. & Coatsworth, D. (2006). Competence and psychopatholgy in development. In D. Cicchetti & D. Cohen (Eds.), *Developmental psychopathology, Vol. 3, Risk, disorder and psychopathology* (2nd ed., pp. 696–738). New York: Wiley.

Melfsen, S., Florin, I. & Warnke, A. (2001). *SPAIK Sozialphobie und -angstinventar für Kinder*. Hogrefe.

McLeod, B.D., Wood, J.J. & Weisz, J.R. (2007). Examining the association between parenting and childhood anxiety: A meta-analysis. *Clinical Psychology Review, 27*(2), 155–172. https://doi.org/10.1016/j.cpr.2006.09.002

Miers, A.C., Blöte, A.W. & Westenberg, P.M. (2010). Peer perceptions of social skills in socially anxious and nonanxious adolescents. *Journal of Abnormal Child Psychology, 38*(1), 33–41. https://doi.org/10.1007/s10802-009-9345-x

Pabian, S. & Vandebosch, H. (2016). An investigation of short-term longitudinal associations between social anxiety and victimization and perpetration of traditional bullying and cyberbullying. *Journal of Youth and Adolescence, 45*(2), 328–339. https://doi.org/10.1007/s10964-015-0259-3

Petermann, F. (Hrsg.). (1997). *Fallbuch der Klinischen Kinderpsychologie*. Göttingen: Hogrefe.

Petermann, F. & Ulrich, F. (2019). Entwicklungspsychopathologie. In S. Schneider & J. Margraf (Hrsg.), *Lehrbuch der Verhaltenstherapie, Band 3* (2. Auflage, S. 23–40). Heidelberg: Springer. https://doi.org/10.1007/978-3-662-57369-3_2

Rapee, R.M., Kennedy, S., Ingram, M., Edwards, S. & Sweeney, L. (2005). Prevention and early intervention of anxiety disorders in inhibited preschool children. *Journal of Consulting and Clinical Psychology, 73*(3), 488–497. https://doi.org/10.1037/0022-006X.73.3.488

Rapee, R.M., Schniering, C.A. & Hudson, J.L. (2009). Anxiety disorders during childhood and adolescence: origins and treatment. *Annual Review of Clinical Psychology, 5*, 311–341. https://doi.org/10.1146/annurev.clinpsy.032408.153628

Rapee, R.M. & Spence, S.H. (2004). The etiology of social phobia: Empirical evidence and an initial model. *Clinical Psychology Review, 24*(7), 737–767. https://doi.org/10.1016/j.cpr.2004.06.004

Scaini, S., Belotti, R. & Ogliari, A. (2014). Genetic and environmental contributions to social anxiety across different ages: A meta-analytic approach to twin data. *Journal of Anxiety Disorders, 28*(7), 650–656. https://doi.org/10.1016/j.janxdis.2014.07.002

Schatz, D.B. & Rostain, A.L. (2006). ADHD with comorbid anxiety. A review of the current literature. *Journal of Attention Disorders, 10*(2), 141–149. https://doi.org/10.1177/1087054706286698

Schneider, S., Pflug, V., In-Albon, T. & Margraf, J. (2017). *Kinder-DIPS Open Access: Diagnostisches Interview bei psychischen Störungen im Kindes- und Jugendalter*. Bochum: Forschungs- und Behandlungszentrum für psychische Gesundheit, Ruhr-Universität Bochum.

Schneider, S. & Popp, L. (2019). *Emotionale Störungen und Verhaltensauffälligkeiten (Vol. 2)*. Göttingen: Hogrefe.

Schreier, S.-S. & Heinrichs, N. (2010). Parental fear of negative child evaluation in child social anxiety. *Behaviour Research and Therapy, 48*(12), 1186–1193. https://doi.org/10.1016/j.brat.2010.09.001

Spence, S.H., Donovan, C. & Brechman-Toussaint, M.L. (2000). The treatment of childhood social phobia: the effectiveness of a social skills training-based, cognitive-behavioural intervention, with and without parental involvement. *Journal of Child Psychology and Psychiatry, 41*(6), 713–726. https://doi.org/10.1111/1469-7610.00659

Stein, M.B. & Gelernter, J. (2014). Genetic Factors in Social Anxiety Disorder. In J.W. Weeks (Hrsg.), *The Wiley Blackwell Handbook of Social Anxiety Disorder*. Hoboken: Wiley Blackwell.

Suhr-Dachs, L. & Döpfner, M. (2015). *Leistungsängste - Therapieprogramm für Kinder und Jugendliche mit Angst- und Zwangsstörungen (THAZ) – Band 1. Zweite Auflage*. Göttingen: Hogrefe.

Szafranski, D.D., Talkovsky, A.M., Farris, S.G. & Norton, P.J. (2014). Comorbidity: Social anxiety disorder and psychiatric comorbidity are not shy to co-occur. In J.W. Weeks (Hrsg.), *The Wiley Blackwell handbook of social anxiety disorder* (S. 201–222). Hoboken: Wiley Blackwell. https://doi.org/10.1002/9781118653920.ch10

Tellegen, P.J., Laros, J.A. & Petermann, F. (2012). *Snijders-Oomen Nonverbal Intelligence Test (SON-R 6–40)*. Göttingen: Hogrefe.

Thyer, B.A., Parrish, R.T., Curtis, G.C., Nesse, R.M. & Cameron, O.G. (1985). Ages of onset of DSM-III anxiety disorders. *Comprehensive Psychiatry, 26*(2), 113–122. https://doi.org/10.1016/0010-440X(85)90031-8

Wechsler, D. (2017). *Wechsler Intelligence Scale for Children – Fifth Edition – Deutsche Bearbeitung*. London: Pearson

Weeks, M., Coplan, R.J. & Kingsbury, A. (2009). The correlates and consequences of early appearing social anxiety in young children. *Journal of Anxiety Disorders, 23*(7), 965–972. https://doi.org/10.1016/j.janxdis.2009.06.006

Weeks, J.W., Heimberg, R.G., Rodebaugh, T.L. & Norton, P.J. (2008). Exploring the relationship between fear of positive evaluation and social anxiety. *Journal of Anxiety Disorders, 22*(3), 386–400. https://doi.org/10.1016/j.janxdis.2007.04.009

Wittchen, H.U., Stein, M.B. & Kessler, R.C. (1999). Social fears and social phobia in a community sample of adolescents and young adults: prevalence, risk factors and co-morbidity. *Psychological Medicine, 29*(2), 309–323. https://doi.org/10.1017/S0033291798008174

Wood, J.J., McLeod, B.D., Sigman, M., Hwang, W.-C. & Chu, B.C. (2003). Parenting and childhood anxiety: Theory, empirical findings, and future directions. *Journal of Child Psychology and Psychiatry, 44*(1), 134–151. https://doi.org/10.1111/1469-7610.00106

World Health Organization. (1994). *The ICD-10 classification of mental and behavioural disor-ders: clinical descriptions and diagnostic guidelines.* World Health Organization.

World Health Organization (2015). *Internationale Klassifikation psychischer Störungen: ICD-10 Kapitel V (F) – Klinisch-diagnostische Leitlinien.* Göttingen: Hogrefe.

Wyschkon, A. & Ehlert, R. (2019) Lese-, Rechtschreib- und Rechenstörungen. In: S. Schneider & J. Margraf (Hrsg.) *Lehrbuch der Verhaltenstherapie*, Band 3. Berlin, Heidelberg: Springer. https://doi.org/10.1007/978-3-662-57369-3_25

van Gemmeren, B., Bender, C., Pook, M. & Tuschen-Caffier, B. (2008). Elternfragebogen zu sozialen Ängsten im Kindes- und Jugendalter (ESAK): Entwicklung, psychometrische Qualität und Normierung. *Klinische Diagnostik Und Evaluation, 14*, 412–429.

Zalk, N. Van & Zalk, M. Van. (2014). The importance of perceived care and connectedness with friends and parents. *Journal of Personality, 83*(3), 346–360. https://doi.org/10.1111/jopy.12108

Anhang

Anhang A. Leitfragen zur Beobachtung im Schulalltag

Anleitung

Welches Verhalten beurteilen Sie als auffällig?

Versuchen Sie – insbesondere bei einem eher diffusen Eindruck wie z. B. „Daniel zieht sich zurück" oder „Irgendwie wirkt Sarah traurig" – genau zu erfassen, woran Sie festmachen, dass der Schüler oder die Schülerin Probleme hat. Dies kann z. B. sein, dass ein Kind oder der*die Jugendliche wenig mit anderen Gleichaltrigen spricht, dass wenig mündliche Mitarbeit zu beobachten ist, dass die Schülerin bzw. der Schüler in der Pause scheinbar nie bei anderen Gleichaltrigen ist. Genauso ist es möglich, dass das Kind oder der*die Jugendliche bei verbaler Ansprache überfordert wirkt, oder gar in manchen Situationen nicht spricht. Je genauer ein Verhalten beschrieben wird, desto leichter ist die Beobachtung.

Wann und wo tritt das Verhalten auf?

Beobachten Sie, ob das Verhalten fast jeden Tag auftritt oder auch fast in jeder Stunde. Ist es vor allem morgens zu beobachten, könnte es vielleicht mit Müdigkeit zusammenhängen. Ist es ein eher passageres Phänomen von einigen Wochen, könnte es in Zusammenhang mit einer anderen Stresssituation, z. B. zuhause oder im Rahmen einer Prüfungszeit in der Schule, stehen.

Ebenso ist es sinnvoll zu erfassen, in welchem Kontext das Verhalten auftritt: Bezieht es sich vor allem auf die Unterrichtssituation und/oder auf die Pausen? Beobachten Sie eine Änderung im Verhalten, wenn der Unterricht abschließt? Bei einem starken Bezug auf den Unterricht ist an Leistungsängste zu denken. Zeigt der*die Schüler*in das Verhalten als Reaktion auf Mitschüler*innen, ist zu überlegen, ob eine Bullying-Situation besteht. Auch der Austausch mit anderen Fachlehrkräften ist sinnvoll, um zu prüfen, ob vielleicht in einem Fach eine besondere Leistungsangst oder Überforderung besteht.

Welche Konsequenzen ergeben sich für den Schüler oder die Schülerin und die Personen um es herum?

Hier stellt sich die Frage, welche Folgen für die Betroffenen mit diesem Verhalten entstehen. Führt es z. B. dazu, dass sich einige Personen besonders stark um sie kümmern (z. B. mehr Aufmerksamkeit durch den*die Lieblingslehrer*in), ist zu überlegen, dass sich das Verhalten mit einer bestimmten Funktion verselbstständigt hat. Ist zu beobachten, dass andere Personen vielleicht eher genervt reagieren und sich mehr und mehr abwenden, kann daraus eine erhebliche Beeinträchtigung durch fehlende Sozialkontakte entstehen.

Anhang B. Beobachtungsbogen von Verhalten über einen Zeitraum von 2 Wochen

Beobachtungsbogen **1/3**

Kind ______________________

Konkrete Beschreibung von auffälligem Verhalten

1. ______________________

2. ______________________

Woche 1 vom ______. ______. 20______

Verhalten 1 ______________________

	1. Auftreten			2. Auftreten			3. Auftreten		
	Wann?	Wo?	Konsequenz	Wann?	Wo?	Konsequenz	Wann?	Wo?	Konsequenz
Montag									
Dienstag									
Mittwoch									
Donnerstag									
Freitag									

Beobachtungsbogen **2/3**

Verhalten 2 ______________________

	1. Auftreten			2. Auftreten			3. Auftreten		
	Wann?	Wo?	Konsequenz	Wann?	Wo?	Konsequenz	Wann?	Wo?	Konsequenz
Montag									
Dienstag									
Mittwoch									
Donnerstag									
Freitag									

Woche 2 vom ____ . ____ . 20____

Verhalten 1 ______________________

	1. Auftreten			2. Auftreten			3. Auftreten		
	Wann?	Wo?	Konsequenz	Wann?	Wo?	Konsequenz	Wann?	Wo?	Konsequenz
Montag									
Dienstag									
Mittwoch									
Donnerstag									
Freitag									

Beobachtungsbogen **3/3**

Verhalten 2 ______________________

	1. Auftreten			2. Auftreten			3. Auftreten		
	Wann?	Wo?	Konsequenz	Wann?	Wo?	Konsequenz	Wann?	Wo?	Konsequenz
Montag									
Dienstag									
Mittwoch									
Donnerstag									
Freitag									

Anhang C. Arbeitsblätter

Arbeitsblatt 1: Was ist soziale Angst?

In der Schule bist Du viel mit anderen Kindern oder Jugendlichen zusammen. Manche Kinder oder Jugendlichen machen sich viele Gedanken, dass sie von anderen ausgelacht werden oder sich peinlich verhalten oder was Falsches sagen. Sie fühlen sich dann ängstlich. Solche Ängste können in der Schule auftreten, z. B.

- Sich zu melden und im Unterricht etwas zu sagen
- In der Pause mit anderen Kinder oder Jugendlichen zusammen zu sprechen
- Im Sportunterricht etwas vorzumachen
- Ein Referat zu halten
- Mit anderen in der Mensa essen

Kennst Du solche Situationen, in denen Du Dich ängstlich fühlst?

In welchen Situationen hast Du schon mal Angst gehabt?

- ____
- ____

In solchen sozialen Situationen haben Kinder und Jugendliche oft ängstliche Gedanken wie z. B.

- Ich sag bestimmt was Falsches!
- Die anderen lachen mich aus!
- Die sagen sowie nein, wenn ich die frage!
- Ich werde mich total blamieren!

Was denkst Du, wenn Du Dich ängstlich fühlst?

- ____
- ____

Im Körper zeigt sich die Angst manchmal durch ein Kribbeln im Bauch. Manchen wird auch ganz heiß oder sie bekommen feuchte Hände. Zeigst sich die Angst bei Dir im Körper?

- ____

Wenn man Angst hat, vermeidet man oftmals das, was man befürchtet. Man meldet sich lieber nicht oder traut sich nicht, die anderen in der Pause anzusprechen. Kurzfristig geht die Angst dadurch weg oder tritt erst gar nicht auf aber langfristig wird die Angst durch die Vermeidung aufrechterhalten, weil man die ängstlichen Gedanken nicht überprüfen kann.

Was machst Du, wenn Du Dich ängstlich fühlst?

- ____
- ____

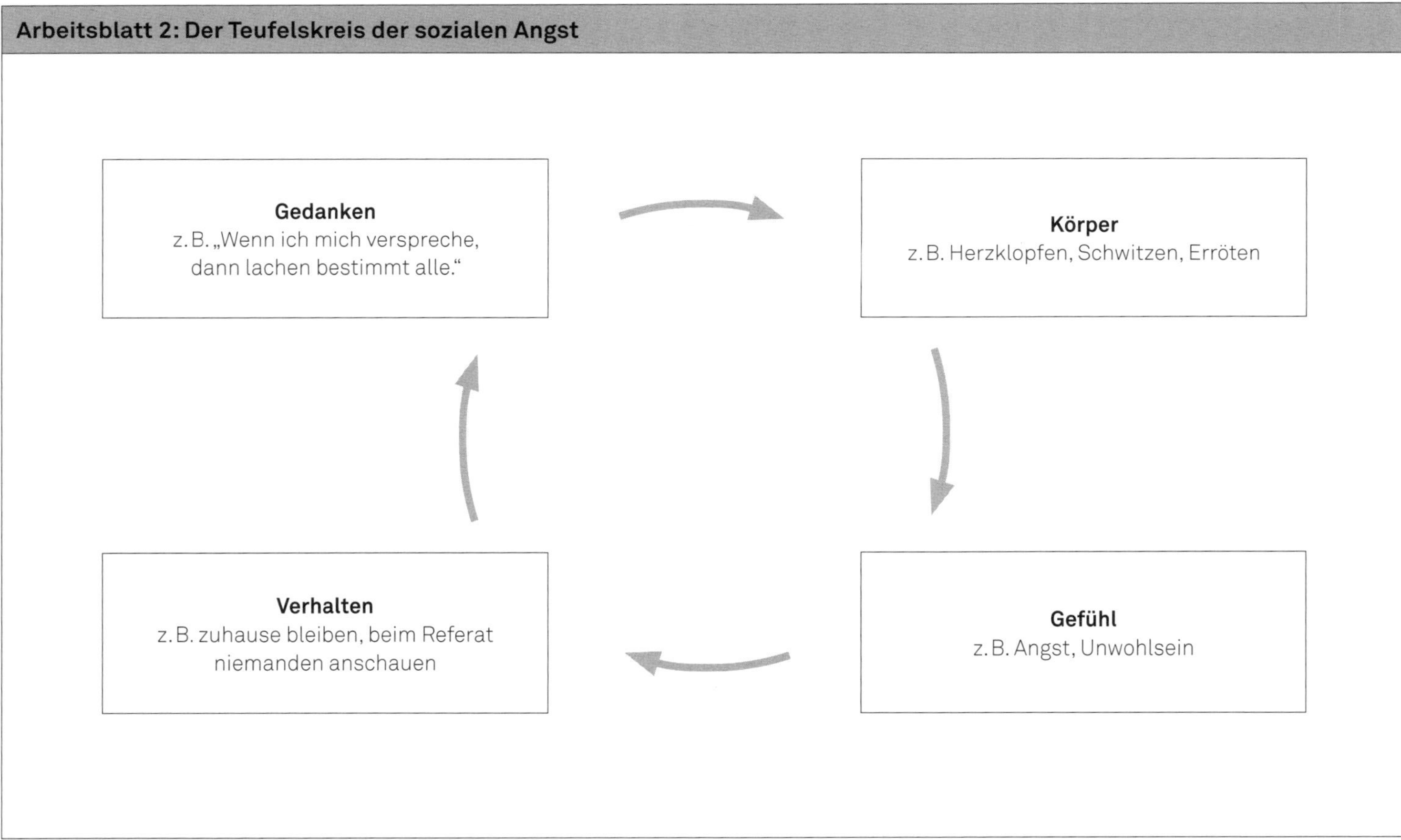
Arbeitsblatt 2: Der Teufelskreis der sozialen Angst
Gedanken
z. B. „Wenn ich mich verspreche, dann lachen bestimmt alle.“
Körper
z. B. Herzklopfen, Schwitzen, Erröten
Gefühl
z. B. Angst, Unwohlsein
Verhalten
z. B. zuhause bleiben, beim Referat niemanden anschauen

Arbeitsblatt 3: Anders denken, wenn ich Angst habe!

Viele Kinder und Jugendliche haben **Angstgedanken,** wenn sie mit anderen zusammen sind oder vor anderen etwas vormachen oder sagen sollen. Solche Befürchtungen sind nicht hilfreich, um die Angst zu überwinden. Solche Angstgedanken kann man durch **Mutmachende Gedanken** ersetzen. Probiere es mal aus.

Angstgedanke	Mutgedanke
Die anderen lachen alle, wenn ich was Falsches sage!	Jeder darf mal Fehler machen.
Ich werde mich bei dem Referat total blamieren.	Ich habe mich gut vorbereitet und werde das schaffen.
Ich werde rot wie eine Tomate und das sehen dann alle.	Und selbst wenn, deswegen bin ich noch lange nicht dumm!

Überlege, welche Angstgedanken Dir in solchen Situationen durch den Kopf gehen und ersetze sie durch Mutgedanken.

Arbeitsblatt 4: Regeln sozialer Kompetenz

Wenn Du mit anderen Menschen redest, gibt es ein paar Tipps, um selbstsicher und freundlich rüberzukommen. Das hilft, um selbst weniger Angst zu haben.

Probiere es einmal aus und beachte dabei folgende Regeln:

- ☺ Schaue Deinem Gesprächspartner in die Augen!
- ☺ Achte auf Deine Mimik im Gesicht! Schau freundlich und offen und lächele ab und zu!
- ☺ Stell Dich gerade und locker hin und lass die Schultern nicht hängen!
- ☺ Rede laut und deutlich und nicht zu schnell!
- ☺ Achte darauf, dass du fest mit beiden Füßen auf dem Boden stehst!

Arbeitsblatt 5: Mit anderen quatschen – So geht's!

Sich zu anderen Kinder oder Jugendlichen dazuzugesellen und mit ihnen zu reden ist leichter, wenn man sich vorher darauf vorbreitet und sich überlegt, was man fragen oder erzählen kann.

Mit wem möchtest Du ein Gespräch führen?

____

____

Über welches Thema kannst Du mit der Person reden?
Was interessiert Dich?

____

____

Wie möchtest Du das Gespräch beginnen (z.B. die Person begrüßen)?

____

____

Was kannst Du zu dem Thema fragen?

____

____

Was kannst Du selbst zu dem Thema erzählen?

____

____

Was kannst Du sagen oder erzählen, wenn es eine Gesprächspause gibt?

____

____

Wie möchtest Du das Gespräch beenden?
Möchtest Du ein neues Gespräch vorschlagen?

____

____

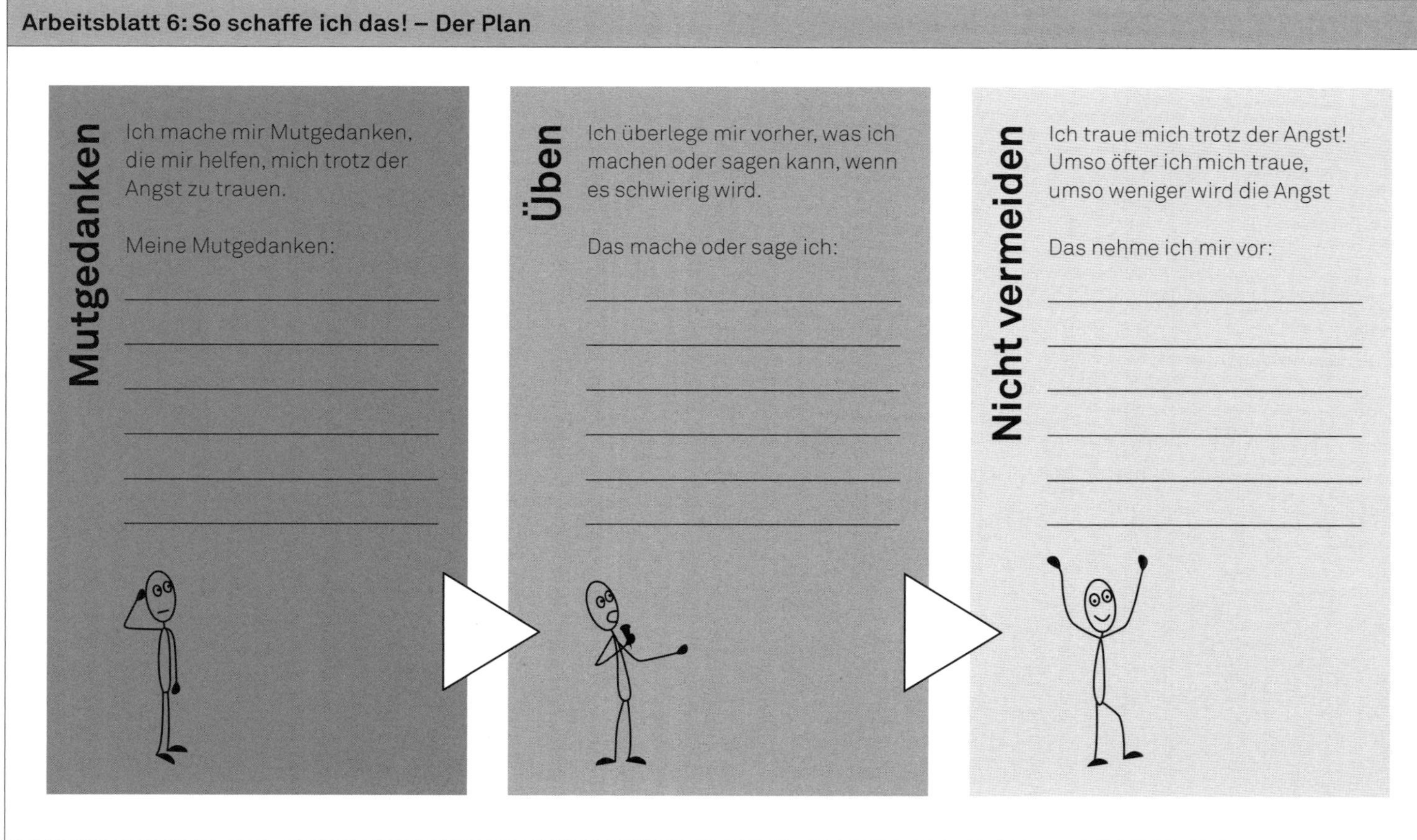

Arbeitsblatt 6: So schaffe ich das! – Der Plan

Mutgedanken

Ich mache mir Mutgedanken, die mir helfen, mich trotz der Angst zu trauen.

Meine Mutgedanken:

Üben

Ich überlege mir vorher, was ich machen oder sagen kann, wenn es schwierig wird.

Das mache oder sage ich:

Nicht vermeiden

Ich traue mich trotz der Angst! Umso öfter ich mich traue, umso weniger wird die Angst

Das nehme ich mir vor:

Arbeitsblatt 7: So schaffe ich das! – Das Tun

Manche Situationen machen uns mehr Angst als andere. Aber auch solche schwierigen Situationen lassen sich bewältigen! Schritt für Schritt. Und oftmals machen wir dann die Erfahrung, dass unsere Angstgedanken übertrieben sind und wir die Situation trotz der Angst erfolgreich hinter uns bringen. Und mit jedem Mal wird es ein wenig leichter und die Angst ein wenig kleiner. So schaffst Du es – trotz der Angst!

Suche Dir eine Situation aus, die Du üben möchtest. Deine Lehrerin oder Dein Lehrer hilft Dir bestimmt. Mit diesem Blatt kannst Du die Situation planen und üben.

Das möchte ich üben (z. B. mich mehr melden oder ein Referat halten):

___

Wann mache ich das? (Plane mit Deiner Lehrerin oder Deinem Lehrer, wann ein guter Zeitpunkt wäre, das mal auszuprobieren)

___

Was ist mein Angstgedanke? (Das sind Gedanken und Befürchtungen, die Dir im Vorhinein durch den Kopf gehen)

___

Was ist ein guter Mutgedanke? (Überlege Dir einen anderen Gedanken, der Dir Mut macht)

___

Nach der Übung: Wie ist es gelaufen?

Was habe ich gut gemacht?

___

Wie hoch war meine Angst? (Trage auf einer Skala von Null bis Zehn ein, wie hoch Deine Angst, vor, während und nach der Übung war)

Vor der Übung (0–10) ________

Während der Übung (0–10) ________

Nach der Übung (0–10) ________

Ist das passiert, was ich befürchtet habe? ☐ Ja ☐ Nein

Mein Motto für das nächste Mal?

___

___

___